Prolog

Meine letzten beiden Bücher zum Thema Fisch, Krusten- und Weichtiere habe ich dem Meer gewidmet. Nun war es mir ein großes Anliegen, Spezies aus dem Süßwasser vorzustellen, die uns kulinarisch interessieren. Natürlich lässt der Umfang eines solchen Buches keine Vollständigkeit zu. Wir haben uns daher auf das beschränkt, was man am häufigsten im Handel antrifft oder bei Fischern direkt erwerben kann. Ich möchte mich an dieser Stelle bei unserem Partner „Deutsche See", Deutschlands führender Fischmanufaktur, bedanken, die uns wie so oft mit Rat, Tat und frischen Fischen unterstützt hat. Ohne sie wäre dieses Buch in dem hier vorliegenden Umfang nicht möglich gewesen. Ebenfalls danke ich meinem Team und den mitwirkenden Starköchen, die im letzten Drittel dieses Buches für ihren Einsatz noch entsprechend gewürdigt werden.

Thomas Ruhl

Marron, Australischer Süßwasserkrebs

END-LICH WASSER

Wasser ist der Ursprung des Lebens. Wir brauchen es zum Überleben, es liefert Nahrung, Sauerstoff, Trinkwasser, Energie und Freizeitspaß. Verwunderlich, dass wir so sorglos mit diesem Element umgehen. Unsere Binnengewässer sind nämlich empfindliche Ökosysteme. Sie werden von allen Spezies im und um das Wasser reguliert. Muscheln dienen als Filter, Pflanzen bauen Schadstoffe ab und vom Plankton bis zum großen Raubfisch hat sich eine Nahrungskette gebildet, an deren Ende wir Menschen stehen. Daher tragen gerade wir eine besondere Verantwortung, diese Biotope zu erhalten. Sicher, die Zeiten der großen Gewässerverschmutzung sind vorbei, Flüsse sind keine Abwasserkanäle mehr und im Rheinwasser lassen sich auch keine Fotos mehr entwickeln, wie in den 1970er Jahren. Dafür haben wir das globale Klima verändert. Das Ausmaß dieser sich anbahnenden Katastrophe liegt im Ungewissen. Sicher aber ist, dass die globale Erwärmung erhebliche Einflüsse auf die Verbreitung der Spezies haben wird. Einige Arten werden möglicherweise untergehen, einige profitieren. In jedem Fall werden wir Menschen mit der Thematik zu kämpfen haben. Durst ist jetzt schon eines der größten Probleme. Hoffentlich werden unsere Kinder begreifen, dass wir es beim Wasser mit dem einzigen lebensnotwendigen Stoff auf der Erde zu tun haben, dessen Ressourcen endlich sind. Die Menge des Wassers verändert sich, nicht nur seine Qualität und Verteilung. Man kann Wasser nicht produzieren, nur sorgfältig damit umgehen.

Karpfenartige Fische, Graskarpfen, Rotfedern und Bitterlinge tummeln sich über Teichmuscheln. Die Bitterlinge brauchen diese zur Vermehrung. Die kleinen Fische legen ihren Laich in die Muschel hinein.

INHALT

- 001 Prolog
- 002 End-lich Wasser
- 006 Der Mensch, Sammler und Jäger ... und Fischer
- 008 Fischregionen und Populationen nach natürlichen Vorkommen
- 010 Catch me if you can
- 012 Mit Netz und Haken
- 014 Netze und Reusen
- 016 Angeltechniken
- 020 Auf den Grund gegangen
- 022 Fischfarmen sind die Zukunft
- 026 Teiche und Mönche
- 028 Teichanlagen
- 030 Kinderstube der Zuchtfische
- 032 **Lexikon der wichtigsten Süßwasserfische und Krebstiere**
- 034 Spiegelkarpfen
- 036 Wildkarpfen
- 038 Giebel, Karausche
- 040 Flussbarbe, Graskarpfen
- 042 Rotauge, Rotfeder
- 044 Schleie
- 046 Brachse / Brasse
- 048 Wels / Waller
- 050 Pangasius
- 052 Gemeiner Hecht
- 054 Regenbogenforelle
- 056 Lachsforelle, Goldforelle
- 058 Bachforelle, Meerforelle, Seeforelle
- 060 Atlantischer Lachs
- 062 Bachsaibling, Wandersaibling
- 064 Die Fischer vom Attersee
- 066 Blaufelchen / Maräne
- 068 Äsche
- 070 Die Geschichte von Fischer Fritz und seinem Sohn
- 074 Filetierunterricht in der Schule
- 076 Flussbarsch
- 078 Zander
- 080 Nilbarsch / Viktoriabarsch, Streifenbarsch
- 082 Tilapia Azul, Niltilapia
- 084 Im Heiligen Land
- 086 Da erblicken sie das Tal des Jordans und das Land jenseits des Ufers
- 088 Schaffet denn grüne Inseln im neuen Lande
- 090 Und sie sahen den Reichtum an Tieren und begegneten den Menschen des Ortes
- 092 So macht euch auch die Fische des Wassers untertan
- 094 Und sie wuchsen und vermehrten sich
- 096 Das Geheimnis liegt im Salz der Erde
- 098 Anno 5768
- 100 Europäischer Aal
- 102 Aalglatte Geschichten
- 104 Die Methode des Räucherns
- 106 Aale aus dem väterlichen Ofen
- 108 Aale in der Zucht
- 110 Quappe / Trüsche
- 112 Stör, Sibirischer Stör
- 114 Kaviar
- 116 **Fluss- oder Edelkrebs, Prolog**
- 118 Fluss- oder Edelkrebs
- 120 Der Edelkrebser. Winfried Langenfeld
- 122 Signalkrebs
- 124 Galizierkrebs
- 126 Yabby
- 128 Marron
- 130 Rosenberggarnele, Wollhandkrabbe
- 132 Auf den Frosch gekommen „Herr Wirt, haben Sie Froschschenkel?"

134	Wie erkennen Sie frischen Fisch?		**Rezepte von Sterneköchen**		200	**Dieter Müller**
136	Im Ganzen küchenfertig vorbereiten	170	Christian Bau		202	Gebackene Froschschenkel in Bärlauchpanade mit jungem Knoblauch und Chorizodip
137	Rundfische filetieren	172	Sauté von Froschschenkeln mit Tomate-Knoblauch-Petersilie			
138	Enthäuten eines Aals				204	**Michael Sobota**
139	Handling-Tipps für Krustentiere	174	Denis Feix		206	Duett von Felchen und Forelle mit Petersilienjus, Pfifferlingskuchen und Safran
		176	Hecht aus der Vils in Traubenkernöl mit Blutorangenschalenpüree, Mungbohnen und Hechtkaviar			
Grundkochkurs					208	Marinierte Saibling-Cannelloni mit weißem Spargel auf Gewürz-Orangen-Spaghetti
140	**Patrick Jabs**					
142	Backen: Fisch in Paperbark	178	Nils Henkel		210	Aalrute mit Pfefferkirschen an Madeirasauce, Maisplätzchen
144	Zander in Salzkruste	180	Mild geräucherter Saibling mit Kressegelee, Blattsalatjus und Saiblingskaviar			
146	Fisch in Blätterteig				212	**Sascha Stemberg**
148	Braten und Schmoren: Saibling à la Plancha	182	Gâteau von Hohwachter Räucheraal und grünem Spargel mit Gurkenrelish		214	Gegrilltes Lachsforellenfilet auf Rieslingkraut in Rahm mit gebackenen Blutwursttäschchen
150	Dämpfen, Dünsten, Pochieren: Forelle „blau"					
152	Fischsuppen: Bouillabaisse von Süßwasserfischen	184	Räucheraal, Kalbs-Tatar, Schnecken, Kresse, Pfifferlinge		216	Filet vom Zander auf Bärlauchgraupen mit Flusskrebsschaum
154	Frittieren: Bonbon von Fischfilets und Aromaten	186	Kleine Tellersülze von Entenleber und Räucheraal		218	Tatar vom Bachsaibling auf Spargelmousse und Rote-Bete-Crème
156	Farce: Bunte Zanderfarce mit Kaviar von Süßwasserfischen	188	Tomatensalat mit geräuchertem Aal			
158	Roulade und Tartar vom Saibling	190	Suprême von Marronkrebsen, Schwarzwurzeln, Bohnen und Périgordtrüffel		220	Edition Port Culinaire
160	Terrinen und Pasteten: Goldforellen-Terrine mit Süßwassergarnelen	192	Salat von Yabbys mit Avocado, Bambussprossen, Speck und Papaya-Relish		223	Impressum
					224	Index
162	Marinieren: Saibling roh mariniert	194	Lachs mit Kartoffel-Gurkensalat			
164	Rollmops von der Bachforelle	196	Orangenlachs auf jungem Spinat			
166	Grillen: Fischfilet vom Grill	198	Risotto mit Flusskrebsen			
168	Räuchern: Hot Boards					

Der Kampf ums Überleben

Nahrungsbeschaffung gehört für uns heute zur alltäglichen Routine. Der Gang zum Supermarkt an der Ecke verlangt den meisten von uns weder körperliche noch geistige Anstrengungen ab. Für unsere steinzeitlichen Urahnen sah die Sache allerdings etwas anders aus: Den täglichen Kampf ums Überleben konnten nur diejenigen gewinnen, die genug Nahrung in Feld und Flur sammeln oder erjagen konnten, um ihre Mägen damit zu füllen. Die Menschen lernten schnell, Fische und andere Lebewesen zur Bereicherung ihres Speiseplans aus den Flüssen und Seen zu fangen, die sie auch mit Trinkwasser versorgten. Der Homo habilis, einer unserer Vorfahren, der vor rund zwei Millionen Jahren den afrikanischen Kontinent bevölkerte, hinterließ Archäologen fossile Nahrungsreste, die ihn als Liebhaber vorzeitlicher Fische, Flussmuscheln und Süßwasserschnecken entlarven.

Der Speisefisch der Nomaden

Die Menschen bedienten sich zunächst einfacher Fangmethoden. Sie sammelten angespülte Tiere, fingen Fische mit der bloßen Hand oder tauchten nach Beute. Unsere Vorfahren bauten auch einfache Fallen, Stülpkörbe, Stoßlanzen und lenkten Fische mit Hilfe von Steinwällen in ausgelegte Reusen. Der Homo erectus und der Neandertaler jagten Fische und Wild bereits mit einfachen Wurfspeeren. Fossile Funde im südlichen Europa legen nahe, dass die Neandertaler eine besondere Vorliebe für Forellen und Lachse hegten. Der Homo sapiens, der sich vor circa 150.000 Jahren entwickelte, konnte seine Vorfahren in Sachen Intelligenz und Erfindungsreichtum um einiges überbieten: Seine Werkzeuge und Waffen waren professioneller, als die seiner Vorgänger. Er erfand die Harpune für die Jagd auf Fische und Wildtiere. Die erste beköderte Angel der Menschheit war die sogenannte Querangel, die aus einem an beiden Seiten angespitzten Stäbchen bestand. Befestigt wurde dieser Fischknebel an einer Schnur, die vermutlich aus Tierhaaren, Sehnen oder Naturfasern bestand. Verschluckte ein Fisch den Querstab mit dem Köder, konnte er ihn aufgrund seiner Breite nicht wieder loslassen und saß in der Falle.

Der erste Feinschmecker

Vielleicht war der europäische Cro-Magnon-Mensch der erste Fischfeinschmecker überhaupt. Fossile Funde verraten uns heute, dass er die Flüsse seiner Wanderwege intensiv befischte. Auf seinem Speiseplan stand eine Vielzahl von Fischen wie Lachse, Forellen, Äschen, Aale und Hechte. Darüber hinaus jagte er auch größere Meeressäuger wie Robben und Delphine. Als unsere Ahnen sesshaft wurden, begannen sie, stationäre Fanggeräte zu bauen. Die ersten Flöße und Boote ermöglichten es ihnen, Fische auch auf offenem Wasser, und nicht mehr nur am Ufer, zu fangen. Man vermutet heute, dass die ersten gebogenen Angelhaken erst nach der letzten Eiszeit entstanden. Wann unsere Vorfahren damit begannen, die ersten Netze für den Fischfang zu knüpfen, lässt sich nicht eindeutig festlegen, da es nur sehr sporadische Funde dieser empfindlichen Gewebe gibt.

DER MENSCH, SAMMLER UND JÄGER UND FISCHER

Die Warao-Indianer im Orinoco-Delta nutzen heute noch archaische Geräte zum Fischfang. Zur Beute gehören unter anderem Welse und Piranhas.

FISCHREGIONEN UND POPULATIONEN NACH NATÜRLICHEN VORKOMMEN

Forellenregion
Oberlauf der Flüsse und Bachregionen. Starke Strömung, flaches, sauerstoffreiches Wasser. Nährstoffarm und kalt. Selten über 10° C. Bodengrund: Kies und Geröll. Leitfische: Bachforelle, Regenbogenforelle. Auch typisch: Groppe, Elitze, Bachneunauge.

Äschenregion
Abnehmende Strömung. Bodengrund aus feinem Kies. Temperaturen bis 15° C. Hoher Sauerstoffgehalt. Leitfisch: Äsche. Auch typisch: Nase, Döbel, Gründling, Schneider.

Barbenregion
Wassertemperatur bis über 15° C. Boden mit grobem Sand. Strömung wird schwach. Sauerstoffgehalt nimmt ab. Pflanzenbewuchs, Schilfufer. Leitfisch: Barbe. Auch typisch: Hecht, Rotauge, Rotfeder, Döbel.

Teichanlagen
Spiegelkarpfen, Schleie, Regenbogenforelle, Lachs, Forelle, Saibling, Hecht.

Brachsenregion
Am Unterlauf der Flüsse. Temperaturen bis 20° C. Pflanzen gedeihen üppig. Bodengrund mit feinem Sand. Träge Strömung. Leitfisch: Brachse. Auch typisch: Flussbarsch, Rotfeder, Rotauge, Schleie, Aal, Karpfen, Wels, Hecht.

Brackwasserregion im Mündungsgebiet
Salzgehalt nimmt zu. Temperaturen auch über 20° C. Leitfische: Flunder, Kaulbarsch. Auch typisch: Zander, Stichling, Finte, Aal, Stint.

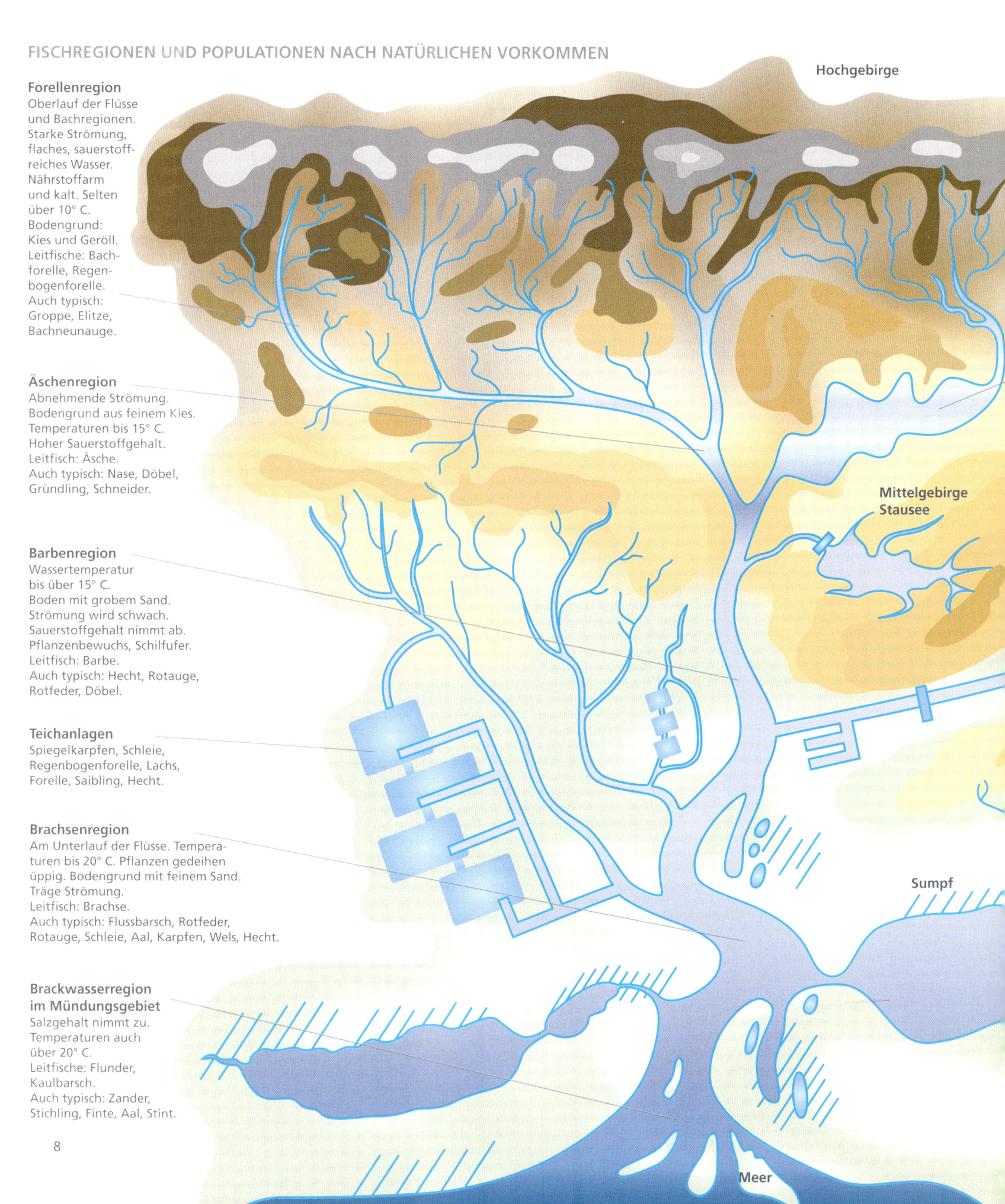

Natürliche Gewässer

Jeder Zweig der deutschen Binnenfischerei hat im Laufe der Zeit eine regionale Entwicklungsgeschichte durchlaufen. In der Fluss- und Seefischerei des süddeutschen Raumes bestehen Fänge zumeist aus verschiedenen Salmoniden wie Forellen, Saiblingen und Felchen. Dagegen werden in Norddeutschland vorzugsweise Cypriniden, Karpfenartige wie Rotaugen und Brachsen, aber auch Hechte und Zander, gefangen. Die regional unterschiedlichen Gewässer bestimmen, welcher Fisch wo gefangen werden kann. Die Fische haben sich über Jahrtausende bestimmten Gewässertypen angepasst, auf die sie heute „spezialisiert" sind.

Bergseen (Voralpenseen)
Nährstoffarm, kalt, viel Sauerstoff.
Seeforelle Renken, Felchen.

Kanal

Hügel

Tieflandseen
Nährstoffreich, warm, weniger Sauerstoff.
Karpfen, Aal, Zander, Hecht.

Zeitsprung in das Mittelalter

Mit Beginn des Mittelalters waren die Zeiten der frei zugänglichen Fischgründe vorbei. Im mittelalterlichen Lehnswesen gehörte den einfachen Bauern weder Land noch Fluss. Die Fischerei war ein Bannrecht der Könige, das vom jeweiligen Herrscher an Landesfürsten, Klöster, Stifte und Städte verliehen wurde. Erst der Schwund der königlichen Zentralgewalt und das aufkommende Zunftwesen machten mit der Wende vom 13. zum 14. Jahrhundert den Weg für ein gesellschaftliches Berufsfischertum frei. Es entwickelte sich allerdings nicht einheitlich, sondern regional unterschiedlich. Die Zünfte waren nicht nur die Interessenvertretungen der Fischer, sondern sorgten auch für die Einhaltung bestimmter Vorschriften und Verpflichtungen in Bezug auf Fischfang, Handel oder Gewässerbewirtschaftung. Mit der Einführung der Gewerbefreiheit wurden die Zünfte im Laufe des 19. Jahrhunderts zugunsten regional unterschiedlicher fischereirechtlicher Regelungen in den deutschen Teilstaaten abgeschafft.

Wirtschaftsstandort Fluss

Die industrielle Revolution brachte einen immer stärker werdenden Schifffahrtsbetrieb auf den Wasserstraßen mit sich. Man begann, viele heimische Flüsse nach und nach zu begradigen, um tiefere Fahrrinnen und schnellere Fließgeschwindigkeiten zu erreichen. Am Oberrhein fanden diese Maßnahmen zwischen 1817 und 1879 statt. Heute ist der Rhein eine der meistbefahrenen Wasserstraßen der Welt. Leider stellte sich schnell heraus, dass die einerseits zwar vorteilhaften Baumaßnahmen an den natürlichen Flussläufen negative ökologische Auswirkungen wie Hochwässer und einen starken Rückgang der flusseigenen Flora und Fauna mit sich brachten.

Schadensbegrenzung

Erst in der zweiten Hälfte des 20. Jahrhunderts begann man, die angerichteten Schäden an den Ökosystemen deutscher Flüsse durch einzelne Renaturierungsprojekte rückgängig zu machen. „Flussrenaturierung" bildet dabei den Sammelbegriff, der die unterschiedlichsten Maßnahmen zur Wiederherstellung eines ursprünglicheren Zustandes der Fließgewässer umfasst. Er beschreibt die Aufweitung von Flussbetten, Abflachung von Uferzonen, Anlage von Sohlrampen oder auch das Aufbrechen von Dämmen zur Wiederbeflutung der trockengelegten Flussauen. Durch die Wiederherstellung von Flachwasser und Sumpfzonen werden „Kinderstuben" für Fische und andere Wasserlebewesen geschaffen.

Fischforschung
Das Institut für Binnenfischerei in Potsdam ist eine der wichtigsten Forschungsstationen für die Fischerei. Hauptaufgaben sind die Verbesserung der ökologischen Bewirtschaftung der Gewässer und die Entwicklung umweltverträglicher, aber marktorientierter Aquakulturen.
Foto: Dr. Müller-Beleke vergleicht Zuchtformen des Spiegelkarpfens.

Binnenfischerei heute

Unter dem Begriff „Binnenfischerei" fasst man in Deutschland verschiedene Wirtschaftszweige zusammen: See- und Flussfischerei, die Aufzucht bestimmter Fischarten in Aquakulturen (Durchlaufanlagen, Karpfenteichwirtschaft, Kreislaufanlagen, Netzgehege) und die Angel- und Freizeitfischerei. Aktuell werden in der Bundesrepublik 536.777 Hektar Gewässerfläche fischereilich genutzt. Sowohl die industrielle Gewässerverbauung und -verschmutzung der letzten zwei Jahrhunderte als auch großer wirtschaftlicher Druck sorgen dafür, dass die einst ertragreiche Fischerei in natürlichen Gewässern wie Flüssen und Seen heute nur noch marginale Bedeutung hat. Erfreulich dagegen ist, dass unsere Gewässer zunehmend sauberer werden. Die Hobbyfischerei erfreut sich heute mehr denn je einer zunehmenden Bedeutung bei der Freizeitgestaltung. Im vergangenen Jahr verzeichnete das Statistische Bundesamt rund anderthalb Millionen Fischereischeinbesitzer (Angelschein) in Deutschland. Ein ernstes Problem für die Binnenfischerei, das auch den Freizeitanglern das Leben schwer macht, sind, neben intensiver Gewässernutzung, die großen Kormoranpopulationen. Ihre Fresslust bedroht die Bestände einzelner Fischarten zum Teil massiv.

Angebot und Nachfrage

Den größten Beitrag zum heutigen Fangaufkommen der Binnenfischerei liefern mit rund 80 Prozent (40.331 Tonnen) die Aquakulturen. Regenbogenforellen und Karpfen, gefolgt von den Salmoniden, Lachsartigen, sind hier die ertragreichsten Fische. Die Fänge aus Flüssen und Seen erbrachten 2006 im Vergleich nur etwa 10.300 Tonnen. Insgesamt gesehen kann die Binnenfischerei die nationale Nachfrage an Süßwasserfischen schon lange nicht mehr decken. Allein im letzten Jahr wurden 61.445 Tonnen Fisch aus dem Ausland importiert. Tendenz steigend.

Binnenfischerei ist Ländersache

Die Gesetzgebungskompetenz für die Binnenfischerei haben in Deutschland die Bundesländer inne. Daher ist die Entwicklung der Branche mit ihren regionalen Verwaltungsstrukturen geographisch sehr unterschiedlich ausgeprägt. Darüber hinaus nehmen auch bundesweite und internationale Gesetze in Bezug auf Natur- und Gewässerschutz etc. Einfluss auf Fischerei und Fischzucht in Deutschland. Die wichtigsten Fanggewässer der deutschen Binnenfischerei befinden sich in Bayern, Baden-Württemberg, Brandenburg, Mecklenburg-Vorpommern, Nordrhein-Westfalen, Niedersachsen und Schleswig-Holstein.

CATCH ME IF YOU CAN

Berufsfischer diversifizieren heute ihre Berufstätigkeit. Neben der klassischen Fischerei vom Boot mit Netz und Reuse betreiben sie Elektrofischerei, bewirtschaften Teichanlagen, räuchern selbst und betreiben teilweise eigene Restaurants oder Fischgeschäfte.

Elektrobefischung: Bei dieser Fangmethode der Binnenfischerei werden Stromstöße von 300 Volt und 18 Ampere in das zu befischende Gewässer geleitet. Meist geschieht dies von einem Boot aus. Als Kathode (negative Elektrode) dient ein Gitter oder ein anderer metallischer Gegenstand, der am Boot befestigt wird. Als Anode dient oft ein Metallring mit langem, nicht leitendem Schaft. Die Fische werden von dem elektronischen Feld im Wasser angezogen. Im Umkreis der Anode tauchen die Fische, die durch den Stromschlag betäubt worden sind, auf und können einfach mit Keschern abgefischt werden. Zum Abfischen von kleinen Flüssen werden mobile Geräte mit Elektrokeschern genutzt. Der Gleichstrom wird eingeleitet und die Fische schwimmen von selbst zur Anode, die der Kescher bildet.

MIT NETZ UND HAKEN

Die Dhünn, ein Flüsschen im Bergischen Land, wird mit Elektrokeschern befischt. Den Fischen hier geschieht nichts. Denn diese Befischung dient wissenschaftlichen Zwecken. Dem Elektrofanggerät gehen alle Fische eines Flusses ins Netz. So lassen sich Artenreichtum und Bestand bestens kontrollieren. Hier befindet sich eine Bachforelle im Netz.

Fischernetz

Engmaschiges, netzartiges Gewebe, das zum Fangen von Fischen verwendet wird. Man unterscheidet unter anderem Schlepp-, Treib-, Stell- und Wadennetz, von denen die meisten allerdings ausschließlich in der Meeresfischerei eingesetzt werden.

Stellnetze

In der Binnenfischerei sind Stell- bzw. Kiemennetz aufgrund der gegebenen Umweltbedingungen die häufigsten Fanggeräte. Sie sind im Gebrauch den Treibnetzen der Hochseefischerei sehr ähnlich. Die Netze werden in Flüssen und Seen freischwimmend in das Wasser vom Boot aus gehängt. Die einschwimmenden Fische verfangen sich bei dem Versuch, rückwärts wieder aus dem Netz zu entkommen mit den Kiemen in den Maschen der Netze.

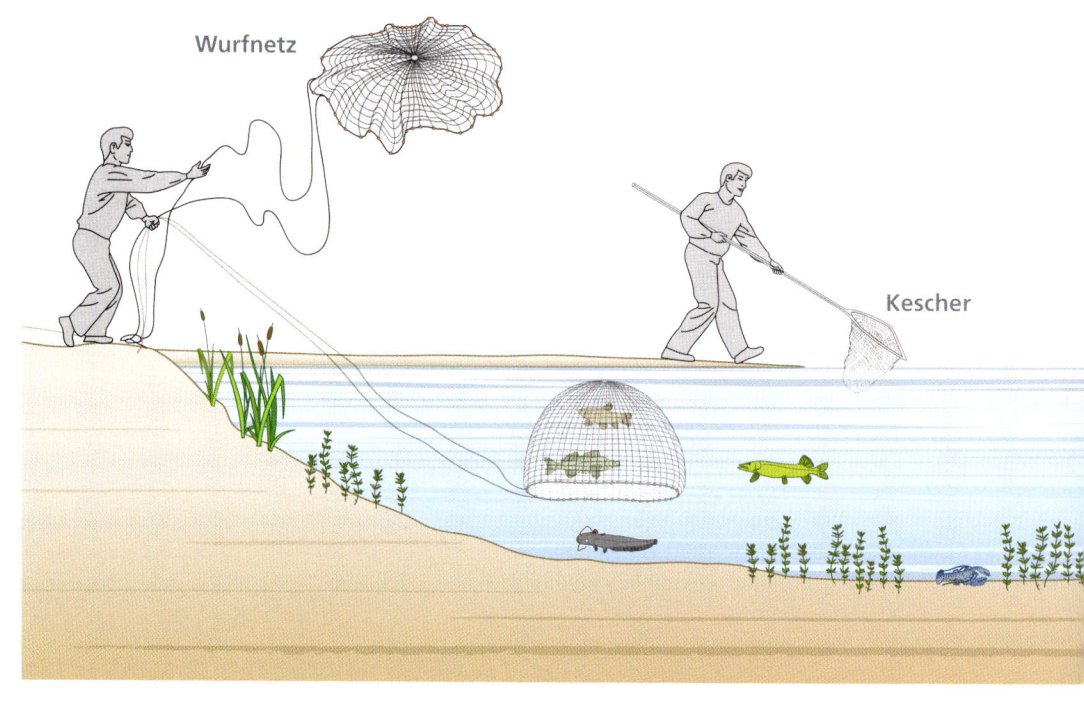

Reusen und Körbe

Neben der Angel eines der ältesten Fischfanggeräte der Menschheit. Historische Reusen sind meist tonnen- oder kegelförmige Gestelle aus Draht, Netz- oder Korbgeflecht. Mittlerweile werden die Gewebe dieser Fanggeräte meist aus Kunststoff oder Nylon hergestellt, da sie haltbarer und besser zu reinigen sind als andere Materialien. Reusen werden in Flüssen mit ihrem trichterförmigen Eingang gegen die Strömungsrichtung aufgestellt. Schwimmen Fische hinein, können sie aufgrund des sich verjüngenden Eingangs nicht wieder entkommen.
Aal- und Krebskörbe werden zumeist mit Fisch beködert, um die Tiere anzulocken. Wie bei der Reuse wandern sie in den Korb und ein Trichter verhindert das entweichen.

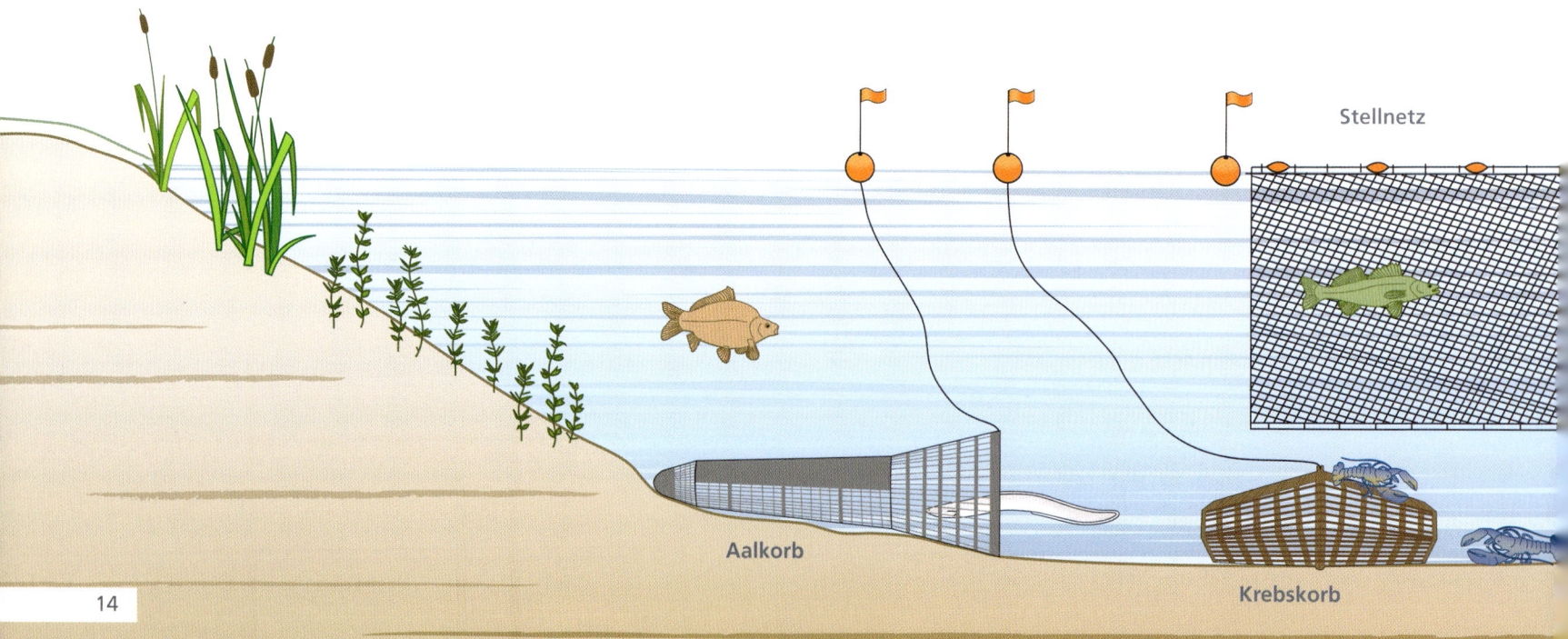

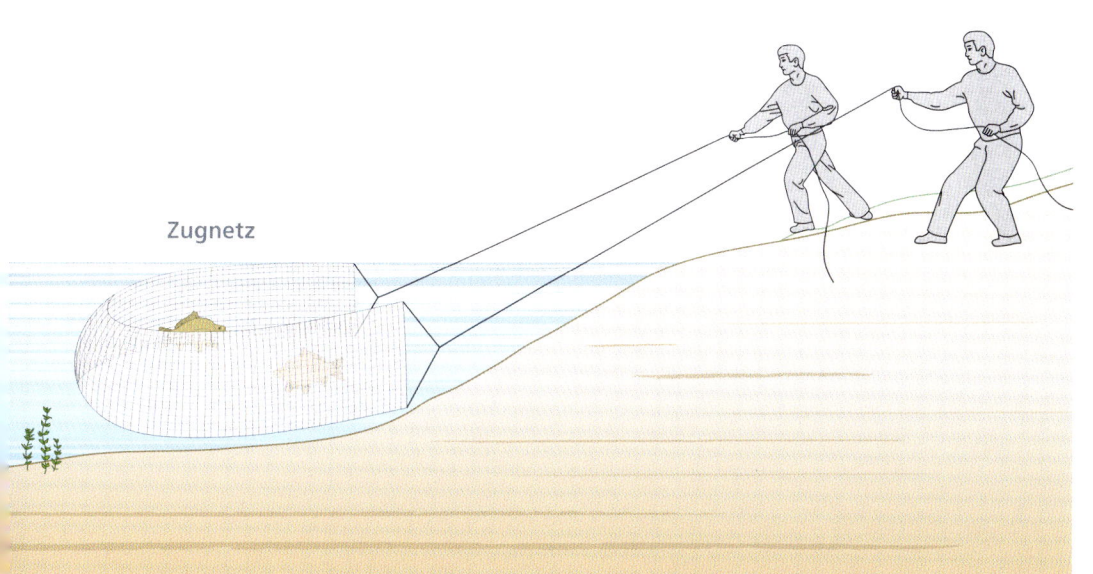

Zugnetze

Dieses Fanggerät wird zum Abfischen von Weihern und Teichen eingesetzt. Das Zugnetz wird teils von Booten am gegenüberliegenden Ufer der Auszugsstelle ausgelegt. Zwei starre Flügel halten das Netz offen und verhindern, dass Fische seitlich entweichen. An diesen Flügeln sind auch Leinen angebracht, die mittels Winde oder Muskelkraft eingeholt werden. Zugnetze in der Binnenfischerei können Längen von 50 bis 100 Metern haben und eine Höhe von 20 Meter erreichen. Meist werden aber kleinere Netze von 10 bis 100 Meter eingesetzt.

Wurfnetze

Sie dienen zum Abfischen kleinerer Fischmengen aus Teichanlagen oder zum Fangen von Köderfischen für Angler. Das runde Netz wird von Hand ausgeworfen, kleine Gewichte am Rand sorgen dafür, dass es schnell zum Boden absinkt und die Fische einschließt. Beim Heranziehen schließt sich das Netz.

Kescher

Er dient zum Abfischen von Fischgruben in Teichen, wenn sich dort beim Ablassen die Tiere gesammelt haben. Angler setzen ihn zur Sicherung des Fangs ein, bevor sie einen Fisch ausheben. Kescher sind Netze am Ende eines Stocks, die von einem Drahtgestell offen gehalten werden. In der Teichwirtschaft werden Großkescher eingesetzt, die mit Motorkraft gehoben werden.

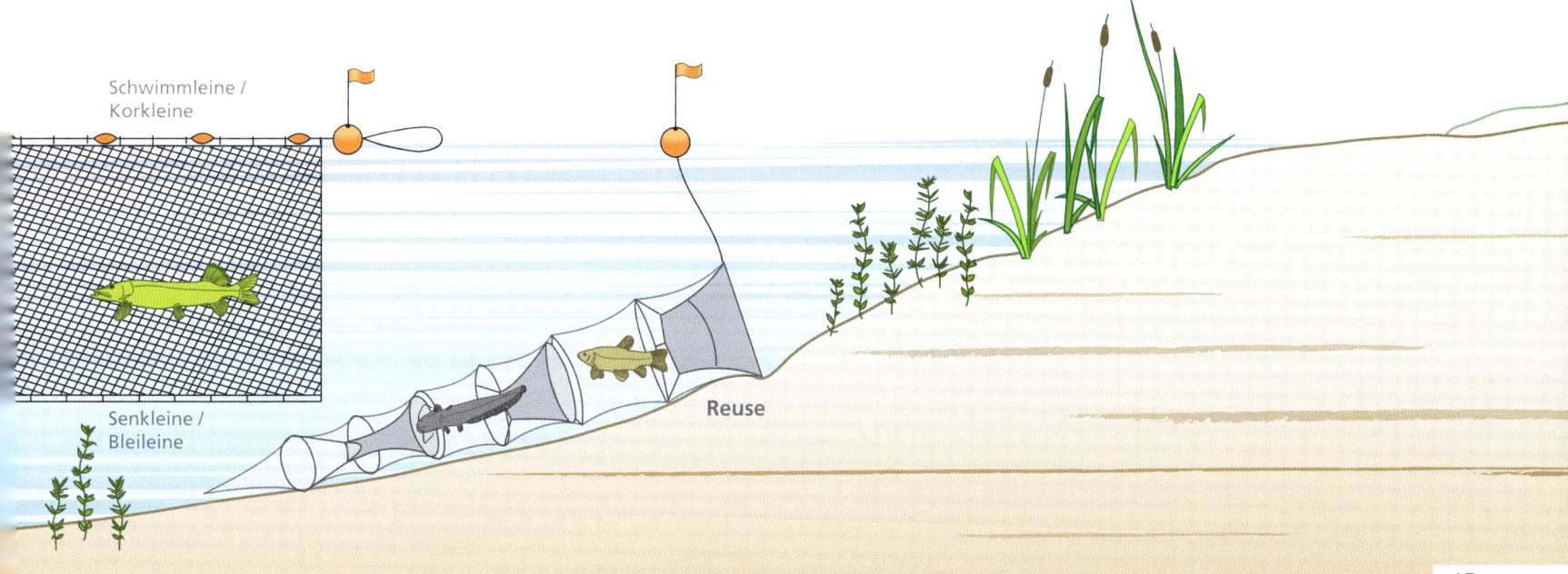

Angel

Die ersten Angeln der Menschen bestanden vermutlich nur aus einer Schnur, einem Haken und einem Köder. Unsere steinzeitlichen Vorfahren stellten bereits Angelschnüre aus Tiersehnen, Haaren und anderen Naturfasern her. Heute ist das Angeln etwas komfortabler, denn den Fischern stehen jetzt zusätzlich Angelrute, Rolle, Vorfach (Schnur zwischen Hauptschnur und Haken) und Wirbel (Verbindung zwischen Hauptschnur und Vorfach) bei der Jagd nach den dicksten Fischen zur Verfügung. Bei den Angelmethoden unterscheidet man verschiedene Techniken, denen man in Deutschland allerdings nur als ausgewiesener Angelscheinbesitzer nachgehen darf.

Spinnfischen

Das Spinnfischen ist eine aktive Sportangeltechnik. Alles was der Angler benötigt trägt er am Körper bzw. in einem Rucksack. Dabei bewegt er sich entlang des Gewässers und fischt verschiedene Stellen ab, indem er mit einer nicht zu langen Rute einen Kunstköcher auswirft und ihn mit zupfenden oder gleitenden Bewegungen wieder einholt. Der Köder imitiert verletzte oder kranke Fische und lockt so Räuber wie Hecht und Zander zum Biss.

ANGELTECHNIKEN

Matchroute und Pose

Diese Art des Angelns prägt das Bild vom langweiligen Hobby beim vorbeispazierenden Wanderer. Dieser hält gerne inne, schaut einige Zeit zu, lässt den Satz fallen: „Na, schon was gefangen?", und zieht später weiter, weil, so scheint es ihm, nichts passiert. Nun, diese Technik braucht Ruhe und der Angler viel Geduld am Gewässer. Zeitgeistig würde ich diese Art des Angelns eher als meditative Tätigkeit betrachten, die natürlich nicht langweilig ist. Sicher aber das Zuschauen. Verwendet werden lange, kräftige Ruten, die den Köder weit hinaus werfen können. Ein System von Posen (Schwimmern) und Bleigewichten hält den beköderten Haken in der richtigen Höhe im Wasser. Je nachdem, auf welchen Fisch man es abgesehen hat. Dementsprechend wird auch mit natürlichen Ködern bestückt. Würmer aller Art, kleine Köderfische, Muscheln oder Fischfetzen für Räuber. Kartoffeln, Mais, Brot oder Käse für Friedfische wie Karpfen, Rotaugen oder Barben. Erfolgt ein Biss, so zeigt ihn der Schwimmer an. Nun gibt der Angler einen sanften Ruck, so dass der Haken sitzt, und holt die Schnur mit der Rolle ein.

Links oben eine kleine Auswahl an Spinnködern. Ein klassischer Blinker, gut geeignet für Salmoniden. Daneben ein Fischimitat aus Weichgummi, darunter ein Wobbler im Mini-Hechtlook für die Jagd auf Raubfische. Beim Heranziehen triftet der Köder unter Wasser und steigt wieder auf, wenn der Zug nachlässt. Posen (Schwimmer), schwere Grundbleie, Klemmblei für Angelschnüre, Haken und Wirbel braucht man zum Fischen mit der Matchroute.

Fliegenfischen

Das ist die hohe Kunst des Angelns und auch die aktivste. Alles, was der Angler braucht, trägt er bei sich: Eine Jacke bestückt mit unterschiedlichen Köderfliegen. Eine spezielle Rute mit sinkenden oder schwimmenden Schnüren, auf Spezialrollen gewickelt, alles sorgfältig aufeinander abgestimmt und einen Korb für die gefangenen Fische. So bestückt bewegt sich der Angler durch das Gewässer auf der Jagd nach Salmoniden. Forellen, Äschen und Lachse sind seine vornehmliche Beute. Ein geschickter Angler führt Schnur und Köder mit fließenden Handbewegungen über das Wasser, gibt Schnur nach und lässt die Fliege genau dort absinken, wo er die Fische vermutet. Das ist an schmalen Bächen, mit Uferbäumen umsäumt, nicht ganz einfach und braucht viel Geschick. Die facettenreiche Köderpalette imitiert natürlich vorkommende Beuteinsekten in verschiedenen Entwicklungsstadien. Sie müssen der Jahreszeit entsprechend gewählt werden. So gibt es Trockenfliegen, die von der Wasseroberfläche vom Fisch erbeutet werden und Nymphen und Nassfliegen, die im Gewässer absinken.

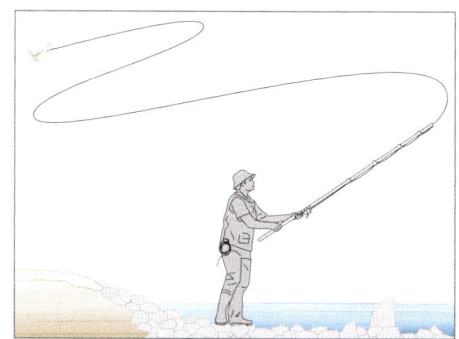

Stippangeln und Handangeln

Das sind die ursprünglichsten Angelmethoden. Beim Handangeln wird lediglich ein Haken und eine Schnur, die auf ein Holzbrettchen gewickelt wird, benötigt. Der Haken wird beködert, die Schnur mit Blei beschwert und ins Wasser gelassen. Die Hand spürt jeden Biss und kann den Haken sehr direkt anschlagen. Diese Technik ist angesichts der Minimaltechnik ungeheuer effektiv.

Die Stippangel besteht aus einer langen Rute, früher Bambus, an deren Spitze eine Schnur in gleicher Länge gebunden wird. An ihrem Ende sitzt ein wenig Blei und ein beköderter Haken, der mit Hand und Rute geführt wird. Eine Rolle wird nicht benötigt. Beißt ein Fisch an, so wird er mit der Hebelkraft der Rute aus dem Wasser gehoben.

Kleines Fliegensortiment. Die Köder links oben imitieren Nymphen, Insektenlarven mit Flügelstummeln. Darunter ein Käfer. Rechts daneben ein Trockenfliegensortiment, das nicht im Wasser abtaucht. Im Gegensatz dazu sinken die Nassfliegen, rechts, unter die Wasseroberfläche. Die große Fliege ist ein Spezialköder für Lachse.

AUF DEN GRUND GEGANGEN

Nachweislich wird in China bereits seit über 2.000 Jahren Fischzucht betrieben.
Bereits 475 vor Christus verfasste der chinesische Geschäftsmann Fan Li,
der es mit der Karpfenzucht zu einem Vermögen gebracht hatte,
das Werk „Lehrbuch der Aquakultur".

Aquakultur

Im Bereich Aquakultur ist die Karpfenteichwirtschaft die national am weitesten verbreitete Aufzuchtmethode. Karpfen werden fast ausschließlich in künstlich angelegten Teichen aufgezogen. Die Haupterzeuger sind in Deutschland Bayern, Sachsen und Brandenburg. Forellen benötigen, im Gegensatz zu den Karpfen, sauerstoffhaltiges und sommerkühles Wasser. Daher werden diese Fische bevorzugt in Durchlaufanlagen gefarmt, die über einen ständigen Wasserdurchfluss und -austausch verfügen. Die Regenforelle ist bei dieser Aufzuchtmethode der ertragreichste Fisch, danach folgen Bachforellen, Äschen und Saiblinge. Die meisten Fischzuchtbetriebe mit Durchlaufanlagen befinden sich in Süddeutschland und im Mittelgebirgsraum. Den dritten Wirtschaftsbereich der Zuchtfischwirtschaft stellen Betriebe dar, die mit Kreislaufanlagen arbeiten. In diesen Anlagen zirkuliert das Produktionswasser und kann mit Hilfe mechanischer und biologischer Aufbereitungsmethoden weiterverwendet werden. Allerdings gibt es nur einige ausgewählte Arten, die diese Art der Aufzucht tolerieren: Aal und Wels bringen hierbei die größten Erträge. Ihnen folgen Karpfen und Streifenbarsch. Niedersachsen ist in diesem Zweig der Binnenfischerei Haupterzeugerland, aber auch in Brandenburg, Mecklenburg-Vorpommern, Sachsen, Hessen und Baden-Württemberg werden Fische in Kreislaufanlagen gefarmt.

Was ist ein Teich?

„Der Teich ist aber groß, das ist ja schon fast ein See." Diesen Satz habe ich von einer jungen Dame gehört, die staunend an einem riesigen Teich stand. Den Unterschied zwischen Teich und See macht nicht die Größe. Im Gegensatz zu einem See ist ein Teich eine bewirtschaftete und künstlich angelegte Produktionsfläche, ähnlich wie ein Acker. Die meisten Teiche sind Durchflussanlagen und werden von natürlichen Bach- oder Flussläufen gespeist. Nur wenige nutzen Grund- oder Regenwasser zur Versorgung. Zur Fischernte wird das Wasser abgelassen. Ein System von Haupt- und Nebengräben leitet das Wasser und mit ihm die Fische an den tiefsten Punkt. Hier befindet sich auch der Ablauf, der sogenannte Mönch, der das Wasser in den nächsten, tiefer gelegenen Teich oder zurück zum Versorgungsgraben leitet. Hier sammeln sich auch die Fische und können mit Netzen abgefischt werden. Das Besetzen der Teiche erfolgt im Frühjahr, das Abfischen im Herbst. Bis auf die Teiche, in denen sich die Laichfische befinden und die Fische, die noch nicht schlachtreif sind, bleiben die Gewässer den Winter über leer. Das hat den Vorteil, dass sich im Frühjahr umso mehr und schneller Plankton bildet, das einen wichtigen Ernährungsbaustein für die Fische liefert. Bei der Planktonproduktion spielt die Wassertiefe eine entscheidende Rolle. Sind die Becken zu tief, werden sie nicht optimal von Licht durchflutet. Gerade das ist für Algen und Cyanobakterien lebenswichtig.

Teichanlagen werden zumeist im Kaskadensystem angelegt. Das heißt, der jeweils folgende Teich liegt etwas tiefer als der vorherige. So kann das Wasser, das aus einem Graben zugeleitet wird und langsam die Wassermenge ersetzt, von einem Becken in das andere fließen. Der unterste Teich entlässt dann das Wasser wieder in den natürlichen Wasserlauf. Der Betreiber einer Teichanlage darf nie das gesamte Wasser des versorgenden Flusses oder Baches entnehmen, sondern erhält lediglich eine Genehmigung für eine Teilnutzung.

Diese Form der Aquakultur kennt verschiedene Stufen der Bewirtschaftung.

Die Formen der Teichwirtschaft: Der „Naturteich"

Die ökologischste Version davon ist die Naturvariante. Bei dieser Form der Teichwirtschaft werden für die Fische optimale Lebensbedingungen geschaffen, indem man ihre natürlichen Lebensräume nachbildet. In solchen Gewässern ernähren sich die Fische ausschließlich natürlich und werden nicht gefüttert. Entsprechend gering sind die Produktionsmengen. Unter optimalen Bedingungen sind 300 Kilogramm Fischertrag pro Hektar Wasserfläche möglich. Es erübrigt sich wohl zu sagen, dass der so produzierte Fisch ganz oben auf unserer Empfehlungsliste steht.

Leider ist diese Methode bei den Preisen, die für Süßwasserfische erzielt werden können, unrentabel. Nur wenige kleine Betriebe, zumeist im Nebenerwerb, wirtschaften so.

Aale lassen sich nicht züchten. Ihre Vermehrung findet ausschließlich in der Sargassosee statt. Tiere, die man in Fischfarmen findet, sind Besatz aus Wildfängen junger Glasaale, die hier bis zur Schlachtreife gehalten werden. Aale wandern über Land. In Aquakulturen kann man beobachten, wie geschickt sie sich aus dem Wasser winden und nach Fluchtwegen suchen.

FISCHFARMEN
SIND DIE ZUKUNFT

Der Ursprung aller Aquakulturen waren Süßwasserteichanlagen mit Karpfenfischen. Diese aus China stammende Zuchtmethode wurde durch Mönche bei uns im Mittelalter verbreitet. Mit circa 33 Millionen Tonnen weltweit entspricht die Fischproduktion aus Fischfarmen derzeit einem Drittel der gesamten Weltfischproduktion. Bis 2030 könnten es 50 Prozent und mehr sein. Weltmarktführer ist derzeit China. Hier wird dreimal mehr Fisch aus Aquakulturen als aus Wildfängen verzehrt.

Der naturnahe Teich: Das Zufüttern von Getreide

Die nächste Stufe stellt der naturnahe Teich dar, in dem den Fischen Getreide zugefüttert wird. Hier finden wir eine Mischform aus natürlicher Ernährung mit allen Organismen, die ein Naturteich bietet, in Kombination mit einem naturbelassenen Zusatzfutter, das die Gewichtszunahme steigert. Dadurch sind 1.000 bis 1.200 Kilogramm Fisch pro Hektar Wasserfläche möglich.

Intensiv bewirtschaftete Anlagen: Die Fütterung mit Pellets

Pellets sind eine Vollnahrung für Fische. Früher bestanden sie zum großen Teil aus Fischmehl, heute zunehmend aus Ölen, Getreide und anderen pflanzlichen Stoffen. Bei einer Fütterung mit diesem Futter nehmen die Fische so gut wie keine natürliche Nahrung mehr auf. Auf diese Art und Weise können 2.500 Kilogramm Fisch und mehr pro Hektar produziert werden. Durch den dichten Besatz und die großen Mengen an Exkrementen im Wasser besteht die Gefahr der Wasservergiftung. Daher muss in solchen Anlagen zusätzlich eine Belüftung eingesetzt werden. Die liefert wichtigen Sauerstoff, der nämlich von den hier vermehrt auftretenden Fäulnissbakterien abgebaut wird. Die Becken solcher intensiv genutzten Zuchtanlagen bestehen oft aus Folien oder Beton. Diese sind leichter zu reinigen und ein natürliches Ökosystem ist ohnehin nicht notwendig. Solche Anlagen belasten die Umwelt gewaltig, insbesondere die umliegenden Gewässer im Abflussbereich der Teiche. Selbstverständlich leidet auch die Qualität der Fische bei solchen Intensiv-Wirtschaftssystemen.

Weihnachten ist Karpfensaison. In den Teichen bei dem Städtchen Peitz werden die Fische nach der „Ernte" im Teich bis zum Verkauf in Betonbecken gehältert. Schleusen leiten dann das Wasser samt Karpfen in einen Mönch, aus dem die Tiere mit mechanischen Keschern abgefischt werden. Danach sortiert man sie und transportiert die Karpfen lebend in Tanks zum Verkaufsort.

Die Forellenwirtschaft nutzt das Wasser der Teiche nur zur Versorgung mit Sauerstoff und zur Entsorgung der Schadstoffe. In Karpfenteichen hingegen ist die Bildung von Plankton als Nahrung erwünscht. Sie wird zum Teil durch die Zuführung von Mist, Dung oder Grasschnitt unterstützt.

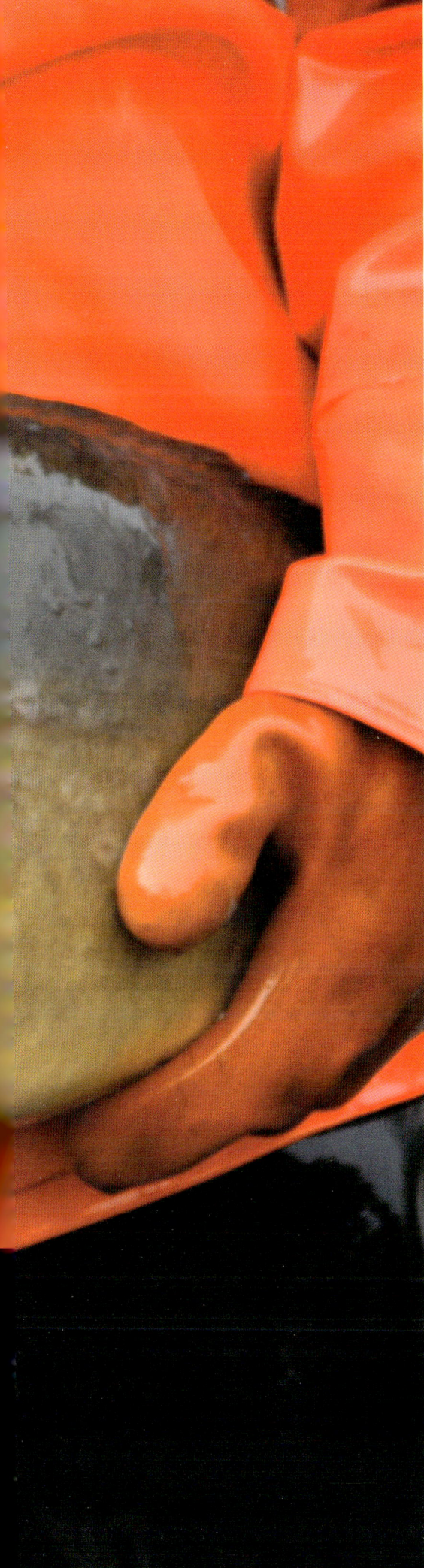

Die Kreislaufanlage

Kreislaufanlagen sind die ökologische Variante der intensiven Fischwirtschaft. Hier wird das Wasser in geschlossenen Systemen umgewälzt, aufbereitet und gefiltert. Ausgefilterte Stoffe können so gezielt entsorgt werden. Die zumeist runden Kunststoffbecken stehen vornehmlich in Hallen und sind so gänzlich von der Natur getrennt.

Die Teich-in-Teich-Anlage

Diese Methode ist ein intelligentes und sehr akzeptables System der intensiven Fütterung. Ein Netzgehege befindet sich inmitten eines natürlichen Teiches, der als Biofilter für die Exkremente dient.

Die Produktion von Biofisch: Das EU Biosiegel, Status Quo

Bislang sparte die geltende EU-Verordnung (EWG) 2092/91, die die gesetzlichen Rahmenbedingungen für die Produktionsbereiche Öko-Landbau und -Viehzucht absteckt, die Aquakultur und das wichtige Thema „Biofisch" aus. Zur Zeit gibt es EU-weit lediglich nationale Einzellösungen für die Biofischproduktion, beispielsweise in England, Frankreich oder Dänemark. In Deutschland haben bisher einzelne ökologische Anbauverbände wie Bioland, Naturland oder demeter eigene Richtlinien für die Biofischzucht festgelegt. Diese werden in Eigenverantwortung durchgesetzt.

Jetzt gibt's was Neues

Im August 2007 verabschiedete die EU-Kommission eine neue Verordnung über die Produktion und Kennzeichnung biologischer Erzeugnisse, die die ökologische Fisch- und Algenzucht mit einschließt. Die Begriffe „biologisch" oder „ökologisch" dürfen nur die Produzenten auf ihre Verpackungen drucken, deren Erzeugungsverfahren in allen Stufen der Produktion, Aufbereitung und des Vertriebs den Vorgaben der neuen EU-Öko-Richtlinie entspricht.

Die Einzelheiten

Die Bioteichwirtschaft unterscheidet sich von der konventionellen Aquakultur in einigen entscheidenden Punkten. Die Nutzung natürlicher oder naturnaher Teiche wird hier vorgeschrieben. Fütterung, Teichart, Besatzdichte und Wasserqualität sind von den Bioteichwirten den von ihnen gehaltenen Fischarten anzupassen.

Bei ökologisch erzeugtem Fisch steht die gesamte Produktionskette unter dem Primat der Nachhaltigkeit. So müssen die Erzeuger zum Beispiel darauf achten, nachwachsende Ressourcen für ihre Fischproduktion zu nutzen, oder umliegende Ökosysteme nicht zu belasten.

Die zulässigen Besatzdichten sind bei Bioteichen im Vergleich zu konventionellen Aquakulturen stark eingeschränkt. Jungfische, die zur regelmäßigen Besatzerneuerung von den Teichwirten benötigt werden, dürfen nur aus ökologischen Brutbeständen bezogen werden, sofern diese Jungtiere in ausreichendem Maße liefern können.

Biofische, -muscheln und -krebstiere bekommen nur dann Zusatzfutter, wenn sie aufgrund jahreszeitlicher oder anderer Umweltbedingungen nicht genug natürliche Nahrung im Besatzgewässer finden. Diese Futtermittel müssen ebenfalls aus ökologischer Erzeugung stammen. Es sind ausschließlich organische Düngemittel zur Förderung der natürlichen Nahrungsressourcen (Wasserpflanzen, Plankton etc.) im Bioteich zulässig. Der Einsatz wachstumsfördernder oder sonstiger Hormone und gentechnisch veränderter Organismen ist strengstens untersagt. Die Gesundheit der Fische soll durch eine geeignete Haltungsform und Artenwahl, geringere Besatzdichten und andere vorbeugende Maßnahmen gewährleistet werden. Synthetische Medikamente dürfen nur in Ausnahmefällen eingesetzt werden.

NEUE TECHNIKEN
IDEEN

Die Peitzer Teichanlage wurde 1554 erstmalig in Quellen erwähnt. Vermutlich diente ihre Anlage auch dem Schutz einer Festung. Der Peitzer Karpfen wurde schnell berühmt und zeichnet sich heute durch seine typische Form aus.

In den Peitzer Teichen erfolgt die Ernährung der Fische direkt und indirekt durch die natürliche Biomasse, bestehend aus Algen und anderen Mikroorganismen. Sie ernährt Krebse, Würmer und Schnecken, die wiederum von den Fischen gefressen werden. Jungfische und Planktonfresser ernähren sich direkt von den Mikroorganismen. Am Ende der Nahrungskette stehen die großen Räuber wie Hecht und Zander, die kleinere Fische erbeuten. Zur Mast der Karpfen wird Getreide zugefüttert.

Mitten im Spreewald, nahe der polnischen Grenze, liegt das Städtchen Peitz. Hier befindet sich die größte zusammenhängende Teichlandschaft Deutschlands. 39 Teiche bedecken insgesamt 1.000 Hektar Wasserfläche, wobei der größte der Teiche ein Areal von 245 Hektar überflutet. Die Teichanlage wuchs zwischen dem 14. und 16. Jahrhundert zu ihrer jetzigen Größe an. Damals waren es zumeist Mönche, die solche Teiche als Produktionsstätten für Karpfen anlegten. In Peitz lässt sich das allerdings nicht mehr nachweisen. Auf jeden Fall ließ sich die Teichlandschaft lukrativer bewirtschaften, als das Sumpf- und Ödland zu landwirtschaftlichen Zwecken zu nutzen.

Peitz entwickelte sich schon früh zum Zentrum der Karpfen-Produktion, die bis zum zweiten Weltkrieg an der Cottbuser Karpfenbörse gehandelt wurden. Auch die Qualität des Peitzer Karpfens war berühmt. So war Peitz schließlich auch königlich-preußischer Hoflieferant. In dieser Zeit veränderte man auch zum ersten Mal den Zuchtstamm. Aus dem bislang geformten Schuppenkarpfen züchtete man den Spiegelkarpfen, der die in Mode gekommene Zubereitungsart „Karpfen blau" zuließ.

Heute werden die Teiche von der „Peitzer Edelfisch GmbH" bewirtschaftet. Die Produktion ist recht naturnah, was die geringen Ertragsmengen im Vergleich zur Wasserfläche beweisen.

Vom Hauptfisch, dem Peitzer Karpfen, der 75 Prozent der gesamten Produktionsmenge ausmacht, werden annähernd 300 Tonnen jährlich geerntet. Zu DDR-Zeiten war diese Menge noch doppelt so hoch. Dazu kommen 60 Tonnen Forellen, je 5 Tonnen Aale und Welse und eine ganze Reihe anderer Arten wie Zander, Streifenbarsch, Stör (Acipenser transmortanus und Acipenser baerii), Saibling, Schleie und Hecht. Zugefüttert wird in Peitz lediglich Getreide, das von schwimmenden Silos aus ins Wasser gelangt. Die im Kaskadensystem angelegten Becken werden von einem der typischen behäbigen Spreewaldkanäle gespeist, an dessen Uferbepflanzung Spuren von Bibern auszumachen sind. Die gesamte Teichlandschaft bietet einer ganzen Reihe von Tieren, die zum Teil selten geworden sind, willkommene Rückzugsgebiete. So findet man hier, neben Fröschen und Kröten, auch eine große Anzahl Schlangen. Wasservögel wie Enten, Reiher und Teichhühner bevölkern die Uferzonen und darüber ziehen Seeadler ihre Kreise. Ein lohnendes Ausflugsziel für Touristen, die auf den breiten Wegen das Gebiet durchwandern können. Dem Hobbyangler steht außerdem ein Angelteich zur Verfügung. Sollte man nichts fangen und deshalb das Abendessen ohne Fisch bestreiten müssen, kann man in der „Karpfenklause", dem eigenen Restaurant des Unternehmens, hiesigen Peitzer Edelfisch genießen. Lohnenswert ist auch ein Besuch im angegliederten Museum, das in einem alten Raseneisenerz-Hüttenwerk untergebracht ist. Hier erfährt man einiges über die historische Gewinnung und Verarbeitung der hier gefundenen Erzbrocken und über die Peitzer Teichwirtschaft.

TEICHE UND MÖNCHE

Teichwirtschaft am Beispiel der Peitzer Edelfisch-Anlagen.

Im Laichteich leben Fische, die nicht zum Verkauf, sondern zur Zucht gehalten werden. Das Abfischen erfolgt einmal im Jahr. Die Tiere werden gefangen und die Besten für die Zucht ausgewählt. Durch Auslese wird so ein bestimmter Fischtyp, der den Wünschen des Verbrauchers entspricht, herausgebildet. Auf diese Weise entwickelte sich auch der Spiegel- und Zeilkarpfen aus der schuppigen Wildform.

TEICHANLAGEN

Teiche sind künstlich angelegte Wasserflächen, um Fische oder Krebse zu züchten. Im Gegensatz zu Seen haben sie eine geringere Tiefe von 80–120 Zentimetern, damit sich das für die Ernährung der Fische wichtige Plankton gut bilden kann. Teiche werden geflutet, der Teichwirt nennt das „bespannt", und zum Abfischen abgelassen. Dazu dient der Teichmönch oder Ständer, wie man Abflussvorrichtungen bei Teichen nennt. Beim Ablassen werden die Fische durch Kanäle in die Fischgrube vor dem Mönch geleitet. Dann pfercht man die Fische mit Netzen ein und fischt sie mit dem Kescher ab. An den flach überstauten Wasserflächen der Teiche bildet sich rasch ein dichter Pflanzenbewuchs, der zur Verlandung führen würde. Deshalb ist eine ganzjährige Pflege der Kulturlandschaft Teich nötig. Zu den Arbeiten gehören: Schilfschnitt und Ausdünnung des Pflanzenbewuchses, Instandhaltung der

Draufsicht

Mönch

Damm

Ablauf

Kanäle
Bei Großteichen sorgen im Teichboden angelegte Kanäle dafür, dass beim Ablassen keine Fische trocken fallen und statt dessen in die Fischgrube geleitet werden.

Fischgrube

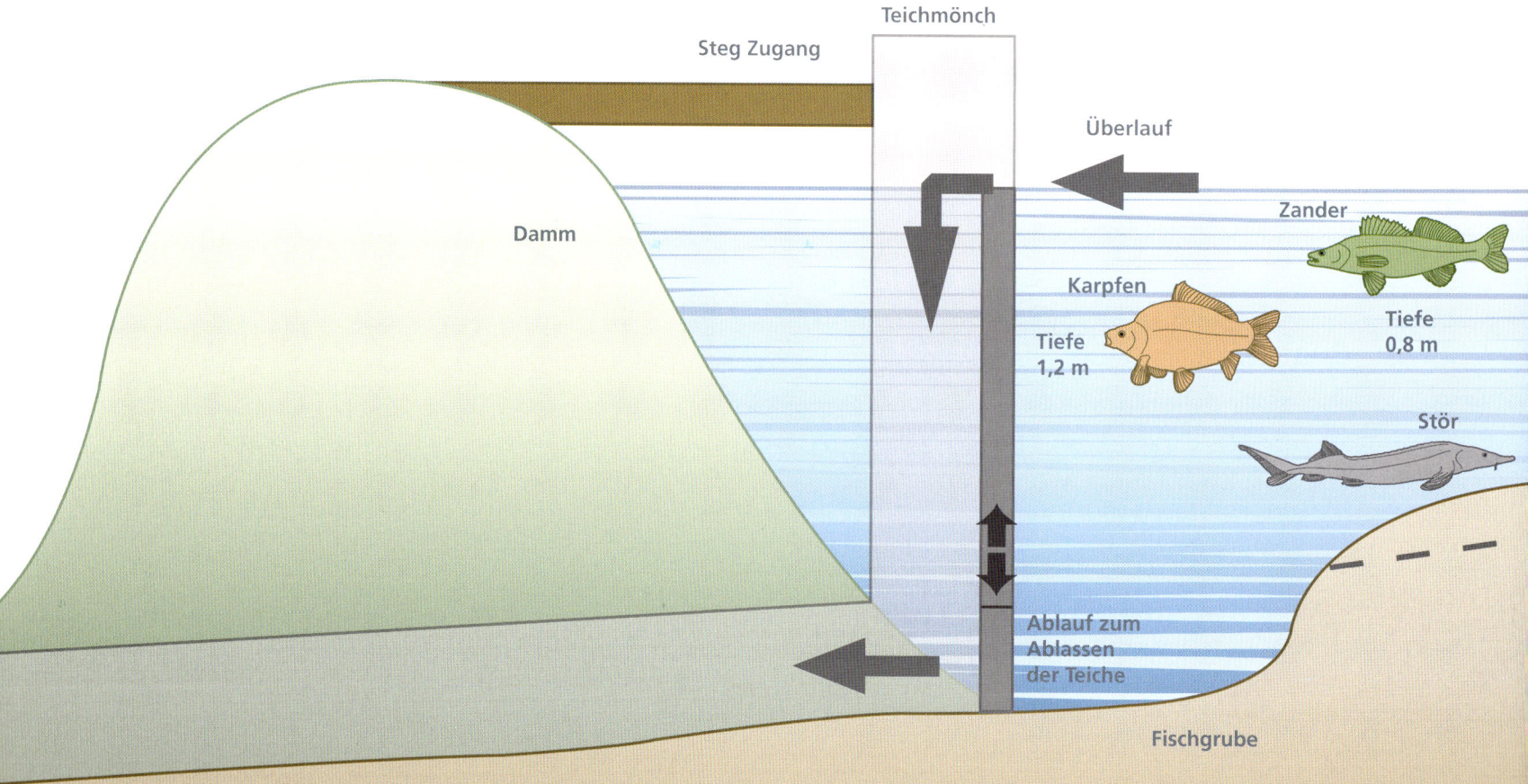

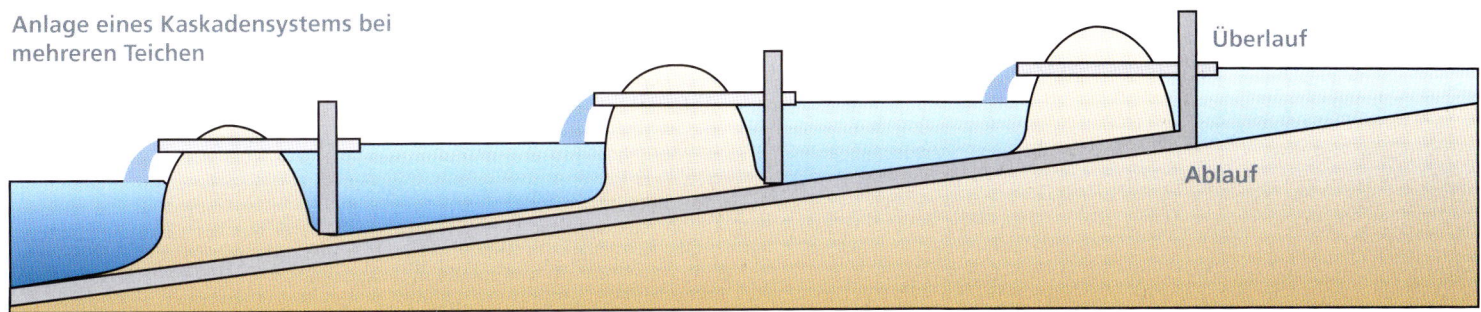

Anlage eines Kaskadensystems bei mehreren Teichen

Dämme und Wirtschaftswege, Räumen der Teichzuleiter, Erhaltung der Ein- und Ablaufwerke, winterliche Trockenlegung und Entschlammung von Gräben und Fischgruben.

Der Teichwirt unterscheidet folgende Teichtypen:

Vorstreckteiche
Sie werden zur Aufzucht der Brut in der ersten Lebensphase genutzt.

Brutstreckteiche
Sie dienen zur Aufzucht der vorgestreckten Brut zu einsömmrigen Fischen.

Streckteiche
In ihnen werden die Fische zu zweijährigen Satzfischen herangezogen (Besatzfische).

Abwachsteiche
In ihnen wachsen die Fische zu Speisefischen heran.

Winterteiche oder Hälterteiche
Sie dienen dazu, im Betrieb verbleibende Fische überwintern zu lassen. Andere Teiche werden im Winter abgelassen.

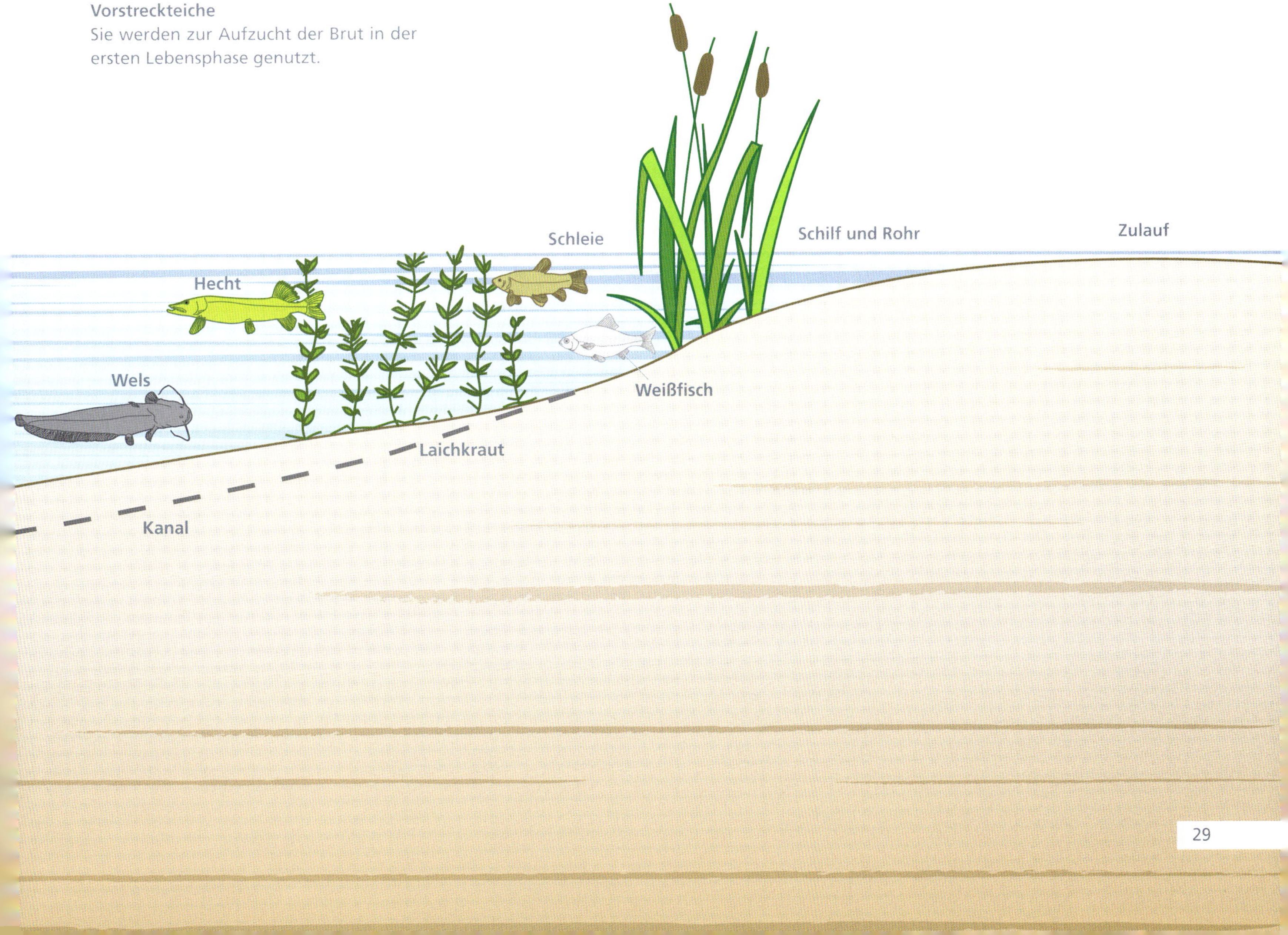

Früher war alles anders

Früher, als die Wildfänge in Flüssen und Seen noch locker ausreichten, um die Marktnachfrage zu decken, dachten die Binnenfischer noch nicht wirklich an die Produktion von Besatzfischen. Vielmehr stockte man auch in der Aquakultur die Bestände mit wild gefangenen Fischen auf. Diese Zeiten sind lange vorbei, da die Bestände in der freien Natur hierfür nicht mehr ausreichen. In der Aquakultur ist die Besatzfischzucht mittlerweile ein zentrales Thema geworden. Sogar natürliche Binnengewässer werden in zunehmendem Maße mit gezüchteten Setzlingen versorgt, um den Artenreichtum zu erhalten. Zwar gibt es Fische wie den Aal oder die Meeräsche, die sich erfolgreich jeder Form von Domestizierung widersetzen. Doch damit sind sie in der Minderzahl.

Das Liebesspiel der Fische

Die meisten Fischarten lassen sich nämlich sehr gut farmen. Die geschlechtsreifen Weibchen, in der Fachsprache „Rogner" genannt, bilden während der Laichphase ihre Eier aus. Bei den Männchen, den „Milchnern", geht die Spermienproduktion voraus. Zwar gibt es Fischarten wie den pazifischen Lachs, die sich meist nur ein einziges Mal in ihrem Leben fortpflanzen können, die für die Besatzzucht relevanten Arten können in aller Regel aber mehrmals im Leben (oder sogar innerhalb eines Jahres) Nachkommen zeugen. Der Eintritt der Geschlechtsreife ist dabei nicht nur vom Alter der Fische abhängig, sondern auch von bestimmten Umweltfaktoren wie Licht, Wassertemperatur und Nahrungsangebot. Diese Umstände lassen sich in der Aquakultur gezielt positiv beeinflussen.

Technik, die begeistert

In der Besatzfischzucht gibt es verschiedene Verfahren, die in der Praxis angewandt werden wie beispielsweise die semi-künstliche Fortpflanzung. Hierfür werden bis dahin getrennt gehaltene laichbereite Weibchen und Männchen einer Art ausgewählt und zusammen in spezielle Laichteiche eingesetzt. Die Brut, die aus den befruchteten Eiern dieser Fische schlüpft, wird dann in sogenannte Vorstreckteiche verlagert. Dort können die empfindlichen Fischbabys, gegen Schädlinge und Klimaschwankungen geschützt, aufgezogen werden. Neben dieser Methode gibt es noch die gänzlich künstliche Fortpflanzung. Bei diesem Verfahren werden den Fischen durch Streichbewegungen entlang des Bauches Milch bzw. Rogen vorsichtig aus den Geschlechtsorganen herausgedrückt. Danach werden Eier und Spermien gemischt und so die Besamung der Eier herbeigeführt. Anschließend folgt die künstliche Erbrütung. Schlüpft die Brut der Zuchtfische aus den Eiern, entwickeln sich zuerst Larven. Sobald diese ihre Embryonalphase hinter sich gelassen haben und sich frei schwimmend fortbewegen können, werden die Larven der Besatzfische, wie bei der semi-künstlichen Fortpflanzung auch, in die flachen Vorstreckteiche umgesetzt. Hier ernähren sich die Jungfische von Zooplankton bis sie alt und widerstandsfähig genug sind, mit erwachsenen Zuchtfischen zusammengesetzt zu werden.

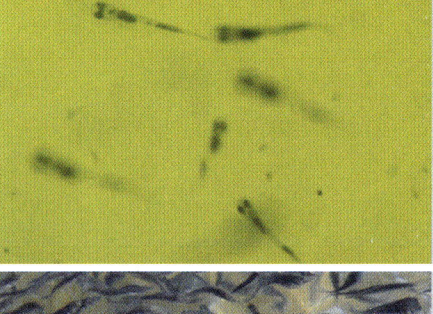

Schon heute ist in der Teichwirtschaft und der Binnenfischerei das Gang und Gäbe, was in der Küstenfischerei noch Zukunftsmusik ist: die Sicherung der Bestände durch Nachzucht in Aquakulturen. Die Fotos zeigen eine Fischbrut-Indooranlage, frisch geschlüpfte Fischlarven und eine Anlage zur Planktonzucht, dem Futter der Fischbabys.

LEXIKON DER WICHTIGSTEN SÜSSWASSERFISCHE UND KREBSTIERE

In Europa leben 522 verschiedene Süßwasserfische. Fast alle größeren Arten können als Speisefische genutzt werden. Leider sind viele von ihnen sehr grätenreich. Daher werden sie trotz guten Geschmacks in unseren Küchen wenig geschätzt. Dazu gehören Spezies wie Rotauge und Rotfeder. Die kulinarisch wertvollsten Fische finden wir unter den Salmoniden, den Barschen und, mit schwindender Beliebtheit, den Karpfenfischen. Ergänzt wird das heimische Angebot durch importierte Trendfische wie den Pangasius, den Nilbarsch und Tilapien. Der Fischnachwuchs für unsere Gewässer wird durch Nachzuchten, Besatzfische ergänzt, sodass die Bestände der meisten Spezies gesichert sind. Trotzdem gelten rund 200 Fischarten in Europa als bedroht. Hauptsächliche Ursache hierfür ist der Klimawandel und die damit verbundene Wasserknappheit und Entnahmen in den natürlichen Gewässern der südlichen Länder Furopas. Die häufigsten Spezies, die bei uns angeboten werden, möchten wir Ihnen im folgenden Kapitel vorstellen.

Hecht aus der Vils, einem Nebenfluss der Donau.

Cypriniden (Karpfenfische)

Weltweit, auch in Deutschland, sind die Karpfenartigen nicht nur die häufigsten Zuchtfische, sondern auch die wirtschaftlich bedeutendsten Süßwasserfische. Sie eignen sich für die Aquakultur, weil sie relativ anspruchslos sind und gut mit anderen Fischarten in einem Teich gehalten werden können. Mit rund 2.500 Arten sind die Karpfenartigen die größte Familie der Knochenfische. Man findet sie außer in Europa auch in Nordamerika, Afrika und Asien. Die Urform des europäischen Karpfens stammt aus dem Gebiet des Schwarzen, Asowschen und Kaspischen Meeres sowie aus dem Aralsee.

Diese Karpfenart erkennt man an ihren unregelmäßig verteilten und unterschiedlich großen Spiegelschuppen, die sich meist entlang der Rückenlinie und im Bereich der Schwanzflosse anordnen. Bei diesem Fisch handelt es sich um eine reine Zuchtform, die in der freien Natur nicht existiert. Der Spiegelkarpfen kann in seltenen Fällen eine Länge von über einem Meter erreichen, meist werden die Tiere aber nur bis zu 40 Zentimeter groß. Wie alle Karpfenarten besitzt er am Maul zwei lange und zwei kürzere Barteln.

Seine Körperform ist im Gegensatz zur Stammform recht gedrungen. Sein Verbreitungsgebiet erstreckt sich über fast alle Teile Westeuropas bis auf den Balkan. Der Spiegelkarpfen ist ein nachtaktiver Schwarmfisch und ernährt sich überwiegend von Würmern, Insekten und anderen Kleintieren. Er kommt sowohl in fließenden als auch in stehenden Gewässern vor.

DER SPIEGELKARPFEN
LAT. CYPRINUS CARPIO
MORPHA NOBILIS

LAT. CYPRINUS CARPIO

Der tschechische Spiegelkarpfen ist eine lebensraum-,

zucht- und futterabhängige Varietät des Spiegelkarpfens.

Wie bei allen Karpfenarten ist auch die Gewichtszunahme beim Spiegelkarpfen

nicht nur im ersten, sondern auch in den folgenden Lebensjahren erheblich.

Hierfür benötigen sie eine relativ große Nahrungsmenge. Karpfen ernähren sich

von planktonischen und benthonischen Lebewesen, deren Lebensgrundlage

wiederum das Phytoplankton darstellt. Um eine ausreichende Menge dieser

Kleinstlebewesen in den Teichen zu generieren, wird das Wasser gedüngt,

gekalkt und befüttert.

Der Wildkarpfen gilt als Stammform aller Zuchtarten des Karpfens. Er wird zwischen 25 und 75 Zentimeter lang, seine maximale Größe kann bis zu 1,2 Meter betragen. In Deutschland ist der Karpfen der am häufigsten gezüchtete Fisch. Die Körperform der Wildart erscheint gestreckter als die der Zuchtkarpfen. Vier Barteln schmücken sein ausstülpbares Maul. Vollständig mit Schuppen bedeckt, wird deren Farbe vom Rücken zum Bauch hin immer heller. Der obere Rückenbereich ist oft von brauner bis dunkelgrüner Farbe, die Seiten sind hellgrün oder goldglänzend, während der Bauch gelblich weiß schimmert. Das ursprüngliche Verbreitungsgebiet des Wildkarpfens erstreckte sich sowohl über das Schwarze, Asowsche und Kaspische Meer als auch über den Aralsee. Dort halten sie sich in den grundnahen Zonen fließender und stehender Gewässer auf. In deren Schlammböden suchen sie nach Nahrung. Der Karpfen, wie auch seine Zuchtformen, kommen in vielen Teilen Europas zu besonderen Anlässen wie Weihnachten oder Silvester auf die Festtafel. Das liegt jedoch nicht unbedingt an der Qualität des Fleisches, sondern vielmehr an dem traditionellen Gedankengut, das mit diesem Fisch verbunden wird. Die Nachfrage ist allerdings seit Jahren stark rückläufig.

DER WILDKARPFEN
LAT. CYPRINUS CARPIO

Die historische Heimat der meisten europäischen Karpfenarten war vermutlich die Donau. Aus diesem Fluss wurden sie bereits von den Römern abgefischt. Bereits seit Jahrhunderten werden diese schnellwüchsigen Fische in Teichen gezüchtet. Ihr Geschmack erfreut sich heute allerdings nicht mehr der Beliebtheit der breiten Masse.

DER GIEBEL
LAT. CARASSIUS AURATUS GIBELIO

Ursprünglich aus Ostasien stammend ist der Giebel heute in fast ganz Ost-, Nord- und Mitteleuropa verbreitet. Optisch ist er nur schwer vom Wildkarpfen zu unterscheiden. Ein prominenter Verwandter des Giebels ist der Goldfisch, der von einer asiatischen Unterart des Carassius auratus abstammt.

Der Giebel, auch Silberkarausche genannt, ähnelt im Aussehen eher dem Wildkarpfen als der Karausche. Sein kielförmiger Körper, Rücken- und Afterflossen sind weniger stark eingebuchtet, sein Bauch dunkler pigmentiert. Die meisten Giebel erreichen eine Größe zwischen 15 und 25 Zentimetern, in Ausnahmefällen können sie bis zu 45 Zentimeter lang werden. Bei der Hautfarbe überwiegen blaugraue Töne. Manche Tiere sind auch bronzebraun gefärbt. Nicht der Giebel ist – wie oft angenommen – die Stammform des beliebten Goldfisches, sondern eine asiatische Unterart (Carassius auratus auratus). Bei einem Mangel an männlichen Artgenossen lassen Giebelweibchen ihre Eier auch von anderen Fischarten befruchten. Diese außergewöhnlichen Art der Fortpflanzung bringt jedoch wiederum ausschließlich weibliche Nachkommen hervor. Das wohlschmeckende Fleisch des Giebel ist, wie das der Karausche, gedünstet, pochiert oder sanft gebraten ein kulinarischer Genuss.

Als Mitglied der Cyprinidenfamilie (Karpfenartige) ist die Karausche eng mit dem Giebel verwandt. Manche nennen sie auch Bauern- oder Moorkarpfen. Bis auf wenige Ausnahmen ist sie in ganz Europa verbreitet. Im Osten reicht ihr Lebensraum bis nach Russland und in angrenzende Bereiche Kleinasiens. Die meisten Exemplare werden nur zwischen 15 und 25 Zentimeter groß. Allerdings sind auch Längen von bis zu 50 Zentimeter möglich. Der Körperbau der Karausche ist hochrückig und von gedrungener Form. Im Gegensatz zum Karpfen schmücken ihr Maul keine Barteln. Äußerlich variiert die Karausche zwischen gelblichbraunen und grünlichen Bronzefärbungen. Die extrem anspruchslose Karausche kann in sehr sauerstoffarmen Gewässern überleben. Sommerliche Trockenphasen und die Kälte des Winters übersteht sie in einer Art Dauerschlaf.

Die Flussbarbe zählt zoologisch gesehen zu den Karpfenfischen.

Sie lebt in Grundnähe schnellströmender Flüsse niederer Lagen.

Nach ihrem Lebensraum ist die Barbenregion der Flussläufe benannt.

DIE FLUSSBARBE
LAT. BARBUS BARBUS

Im Gegensatz zu anderen Karpfenartigen hat die Flussbarbe einen flachen, walzenförmigen Kopf und Körperbau. Am Maul trägt sie, wie ihre Artgenossen, vier Bartfäden. Dieser vorzugsweise in Grundnähe lebende Fisch hat einen olivgrünen bis dunkel-blaugrauen Rücken, mit helleren Körperflanken und einem weißen Bauch. Ausgewachsene Flussbarben können eine Größe von bis zu 80 Zentimetern und ein Gewicht von über vier Kilogramm erreichen. In Europa ist die Stammform Barbus barbus von Frankreich und Südengland bis nach Litauen und im Stromgebiet der Donau verbreitet. Es kommen jedoch auch zahlreiche Unterarten vor. Die Flussbarbe bevorzugt fließende Flüsse niedriger Lagen (Barbenregion), dringt jedoch von dort auch in die Äschen- und unteren Forellenregion vor. Auch kulinarisch ist die Barbe sehr anpassungsfähig. Sie schmeckt in Butter sautiert hervorragend. Allerdings sollte man es vermeiden, vom Rogen dieses Fisches zu kosten, da dieser unter Umständen Vergiftungserscheinungen hervorrufen kann.

DER GRASKARPFEN
CTENOPHARYNGODON IDELLA

Den Graskarpfen hat es Anfang der 50er Jahre des vergangenen Jahrhunderts nach Westeuropa verschlagen. Eingeführt wurde er aus China, wo er bereits seit langem kultiviert wird.

Graskarpfen gehören in China zu den beliebtesten Zuchtkarpfen. Diese Art wurde ursprünglich aus dem Fernen Osten in Europa eingeführt, um die Wasserpflanzenbestände abzuweiden, die von einheimischen Arten nicht gefressen werden. Er hat einen breiten Kopf. Seinen kielförmigen, seitlich abgeflachten Körper bedecken große Schuppen.

Seine Färbung ist der des europäischen Karpfens ähnlich, wobei seine Flanken etwas heller und mit einem leichten Goldglanz überzogen sind. Größen bis über einen Meter erreicht er und bringt dabei rund 30 Kilogramm auf die Waage. Aufgrund seines schnellen Wachstums ist er in China seit Jahrhunderten ein beliebter Zuchtfisch. Als reinem Vegetarier schmecken dem Graskarpfen als Beifutter auch Luzerne und Klee.

Das Rotauge oder die Plötze ist ein Karpfenfisch mit relativ großen, festanliegenden Schuppen und einem charakteristischen roten Auge. Der dunkelbraun oder grau gefärbte Rücken schimmert blau bzw. grünlich. Die Flanken sind silbrig weiß, die Bauchseite reinweiß gefärbt. Die Rücken- und Schwanzflosse des Rotauges ist grau, die übrigen Flossen rötlich. Je nach Habitat und Nahrungsangebot variiert die Körperform von lang und schlank bis kurz und hoch. Es lebt in Teichen, Flüssen, Seen und Stauanlagen fast ganz Europas bis nach Asien. Der anadrome Wanderfisch hält sich ebenfalls in der Ostsee und im Brackwasser auf. Das Rotauge wird bis zu 24 Zentimeter groß und erreicht ein Gewicht von bis zu 400 Gramm. Einige Exemplare wachsen bis zu 35 Zentimetern. In der freier Natur kreuzt es sich oft mit anderen Karpfenfischen wie Zander oder Rotfeder. Das Fleisch des Rotauges enthält eine Vielzahl kleiner Gräten. Ritzt man die filetierten Stücke vor dem Garen ein wenig an, können die Gräten mitgegessen werden. Daher eignet sich der Fisch für besonders heiße Garmethoden wie Braten, Grillen oder Frittieren.

In der Wahl seines Lebensraums ist das Rotauge nicht besonders wählerisch: Es fühlt sich in Teichen, Flüssen, Bächen, Seen und Stauanlagen in ganz Europa bis nach Asien zu Hause. Da das Rotauge sehr zahlreich in fast allen Gewässertypen vorkommt, wird es gerne mit Netzen und Reusen gefangen. Sportangler benutzen das Rotauge vorzugsweise als Köder beim Raubfischfang.

DAS ROTAUGE
LAT. RUTILLUS RUTILLUS

DIE ROTFEDER

Schwärme von Rotfedern findet man in ufernahen Regionen langsam fließender Gewässer. Als Pflanzenfresser ernähren sich die Jungfische von Plankton, die älteren Tiere vor allem von Wasserpflanzen.

Auf den ersten Blick sieht die gemeine Rotfeder dem Rotauge sehr ähnlich. Auch sie gehört zu den Karpfenfischen. Man unterscheidet sie vom Rotauge anhand ihres scharfen, mit Schuppen besetzten Bauchkiels und ihrer gelb bis orangefarbenen Augenfarbe. Der hochrückige Körper der Rotfeder ist seitlich abgeflacht. Ihr Rücken erscheint blaugrün, die Flanken und der Bauch silbrigweiß. Mit Ausnahme der Rücken- und Brustflossen sind die Flossen kräftig rot. Die meisten Tiere dieser Art erreichen eine Größe von 25 bis 30 Zentimetern und ein Gewicht von etwa 250 Gramm. Die Rotfeder lebt, von wenigen Gebieten abgesehen, in fast ganz Mitteleuropa und dem Balkan. Als Schwarmfisch bevorzugt sie stehende oder langsam fließende Gewässer mit reichlich Pflanzenbewuchs. Dort hält sie sich meist in Oberflächennähe auf. Ihre wirtschaftliche Bedeutung ist eher gering.

Neben der eher unscheinbaren Wildart gibt es eine Goldform dieses Fisches, der gerne in Zucht- und Zierteichen gehalten wird. Die Färbung dieser Tiere kann von gold- bis rot- oder orangefarben variieren. An den Körperflanken und im Rückenbereich trägt die Goldform der Schleie dekorative dunkle Flecken.

Die Schleie hat einen gedrungenen, hochrückigen, oliv-braunen Körper mit kleinen, fest anliegenden Schuppen. Ihr Bauch ist cremeweiß oder gelb gefärbt. An ihren Mundwinkeln trägt sie jeweils eine kurze Bartfaser. Je tiefer und lichtärmer das Wohngewässer der Schleie, desto dunkler erscheint ihre Haut. Mit Ausnahme Nordschottlands, Nordskandinaviens und des südlichen Balkans ist sie in ganz Europa beheimatet. In unseren Breiten werden Schleien durchschnittlich bis zu 40 Zentimeter lang und bis zu zwei Kilogramm schwer. Männchen und Weibchen kann man anhand ihrer Bauchflossen unterscheiden, die bei den männlichen Tieren viel größer ausgeprägt sind. Man findet die Schleie in den unterschiedlichsten europäischen Gewässertypen bis hin zur Forellenregion. Sie bevorzugt aber stilles und warmes Wasser. Im Gegensatz zum Karpfen kann die Schleie in sehr sauerstoffarmen Gewässern überleben.

Die Brachse, auch unter den Namen Brasse oder Blei gekannt,

gehört zur Familie der karpfenartigen Fische (Cyprinidae).

Die Tiere erreichen in der Regel eine Größe von 30 bis 50 Zentimetern.

Besonders große Exemplare können bis zu 85 Zentimeter groß und sieben Kilogramm schwer werden. Der Körper der Brachse ist hochrückig und seitlich stark abgeflacht. Ihre Färbung schimmert silbrig mit einem dunkleren, grünlich gefärbten Streifen im Bereich der Rückenflosse. Brachsen leben in langsam fließenden, nährstoffreichen Flüssen oder Seen mit schlammigen Böden. Ihr Verbreitungsgebiet erstreckt sich von Nordeuropa bis zum Kaspischen und Schwarzen Meer und zum Aralsee. Trotz ihres grätenreichen Fleisches eignet sich der Speisefisch gut zum Räuchern, Braten oder Grillen.

Weißfische

Bei dem Oberbegriff Weißfische handelt es sich nicht um eine zoologische Einteilungsform, sondern um eine umgangssprachliche Zusammenfassung verschiedener kleinwüchsiger karpfenartiger Fische von silbrig-weißer Färbung. Zu ihnen zählt man unter anderem Barbe, Stichling, Elritze, Rotauge (Plötze), Rotfeder, Karausche, Giebel oder Moderlieschen. In der Küche haben die Weißfische eine eher geringe Bedeutung: Obwohl sie recht schmackhaft sind, verfügen sie über eine große Anzahl meist sehr feiner Gräten, die ihren Verzehr sehr mühsam machen.

Welse (Siluridae)

Die Welse sind nicht nur in Mitteleuropa, sondern bis in den asiatischen Raum
eine weit verbreitete Süßwasserfischart. Sie leben sowohl in Seen,
als auch in Flüssen mit weichem Untergrund und ernähren sich räuberisch.
Schätzungen zufolge existieren insgesamt 60 bis 100 verschiedene Arten von Welsen.
Erstaunlicherweise sind viele Welsarten giftig und daher nicht zum Verzehr geeignet.
Die größte Welsart ist der gemeine europäische Wels: Silurus glanis

Dieser europäische Riese lässt sich auch von Laien leicht erkennen: Er besitzt einen langgestreckten, schuppenlosen Körper mit einem großen Maul. Am Oberkiefer schließen sich zwei lange, am Unterkiefer vier kürzere Barteln an. Auffällig sind seine extrem lang gestreckte Afterflosse und die im Gegensatz dazu stark verkürzte Rückenflosse. Je nach Lebensraum variiert die Farbe der Welse: Der Rücken kann schwarz, aber auch grün, bläulich oder bräunlich gefärbt sein. Seine Flanken sind auf hellerem Untergrund grau-braun marmoriert. Der Bauch ist weißlich grau und mit dunklen Tupfen gemustert. Der vor allem nachtaktive Räuber ernährt sich hauptsächlich von Fischen und Krebsen, schreckt aber auch vor Wasservögeln und Säugetieren nicht zurück. Nach der Laichzeit, die bei uns zwischen Mai und Juli liegt, kann es bei Nahrungsverknappung unter den Jungfischen auch zu Kannibalismus kommen. Welse können bis zu 80 Jahre alt und bis 100 Kilogramm schwer werden. Das fast grätenlose, feste weiße Fleisch kann bei großen Tieren sehr fett sein, seine Konsistenz ist aber mit dem des Seeteufels vergleichbar. Er schätzt tiefe, kühle Gewässer und

findet sich meistens in größeren Flüssen oder Stauseen. Sein Lebensraum beschränkt sich auf Zentraleuropa. Im Norden kommt er nur bis zum Süden Schwedens und Finnlands vor. Das feste, weiße Fleisch der Welse ist sehr grätenarm. Es schmeckt gebraten, gegrillt und ebenfalls in einer kräftigen Fischsuppe ausgezeichnet.

DER PANGASIUS
LAT. PANGASIUS HYPOPHTALMUS

Das Fleisch des Pangasius ist zwar angenehm saftig, im Geschmack ist er jedoch eher unauffällig als markant. Es empfiehlt sich daher ihn entweder mit Aromaten zuzubereiten (dämpfen). Aber auch das Braten oder Grillen können dem Aroma des Pangasius auf die Sprünge helfen.

Bei dem ursprünglich im vietnamesischen Mekong-Delta heimischen Pangasius handelt es sich um einen Fisch aus der Familie der Schlank- bzw. Haiwelse. Er besitzt einen walzenförmigen Körper mit breitem Kopf, an dessen Maul die typischen Welsbarteln zu finden sind. Der Pangasius hypophtalmus ist ein fettarmer Fisch, der größtenteils für den westlichen Markt gezüchtet wird. Aus Asien exportierter Pangasius stammt fast ausschließlich aus Aquakulturen. Die meisten Tiere werden bis zu 70 Zentimeter groß und wiegen circa zwei Kilogramm. Unter optimalen Lebensbedingungen erreichen sie Größen von bis zu anderthalb Metern. Während er in Asien und den USA, dank seines saftigen Fleisches, seit Jahren als beliebter Speisefisch geschätzt wird, erobert der Pangasius erst seit kurzem den europäischen Markt. Zubereiten lässt sich das Fleisch, das einen leichten Welsgeschmack besitzt, am besten durch Dämpfen, Braten und Grillen.

Junger Hecht

Esocidae (Hechtartige)

Man findet Hechte in klaren Fließgewässern in Europa, Nordamerika und Asien. Allen Hechtarten ist ihr langgestreckter muskulöser Körper, ihre Richtung After verschobene Rückenflosse und ihr verlängertes, stark bezahntes Maul gemein. Ihr Verbreitungsgebiet ähnelt dem der Salmoniden, ist allerdings stärker beschränkt und erstreckt sich ausschließlich auf Süßwasser. Innerhalb der Gattung der Hechte unterscheidet man lediglich fünf Arten: Den Amerikanischen Hecht (Esox americanus), den Amurhecht (Esox reicherti), den Europäischen Hecht (Esox lucius), den Kettenhecht (Esox niger) und die Muskellunge (Esox masquinongy).

Der Hecht ist einer der bekanntesten heimischen Süßwasserfische. „Schillernder Wolf" bedeutet sein lateinischer Name ins Deutsche übersetzt. Aufenthaltsort und Alter bestimmen seine Färbung. Hechte, die in Ufernähe leben, sind wesentlich farbenprächtiger, als solche, die in tiefen Wasserregionen vorkommen. Ausgewachsene Tiere haben oft einen dunkelgrünen Rücken, gelblich gefleckte Flanken und einen weißen Bauch. An seinem langgestreckten Körper schließt sich ein abgeflachter Kopf mit einem schnabelförmigen, stark bezahnten Maul an. Rücken- und Afterflosse sind in Richtung Schwanzflosse verschoben. Der Hecht ist ein räuberischer Fisch, der seiner Beute regungslos auflauert, um dann blitzschnell aus seinem Versteck hervorzuschießen. Jagd macht er auf Fische, Frösche und kleine Säugetiere. Hechte bevorzugen langsam fließende oder stehende Binnengewässer. Er ist in ganz Europa, mit Ausnahme der Iberischen Halbinsel und des südlichen Balkans, beheimatet. Ein ausgewachsener Hecht wiegt bis zu 35 Kilogramm. Das grätenreiche Fleisch des Hechts wird wegen seiner Konsistenz in der Gastronomie gerne zu Farcen verarbeitet.

DIE REGENBOGENFORELLE
LAT. ONCORHYNCHUS MYKISS

Salmoniden (Lachsartige)

Unter der Bezeichnung „Lachsartige" fasst man Lachse, Forellen, Saiblinge, Huchen, Renken und Äschen zusammen. Ein sicheres Erkennungsmerkmal der Salmoniden ist ihre sogenannte Fettflosse, die sich auf dem Rücken der Fische ganz in der Nähe der Schwanzflosse befindet. Wegen ihrer guten Fleischqualität sind fast alle Fische dieser Gruppe gern gesehene Gäste auf den Speisekarten der gehobenen Gastronomie. Arten wie Lachse, Forellen und Saiblinge werden seit Jahrzehnten mit großem Erfolg gezüchtet. Kulinarisch gesehen verdienen aber wild gefangene Tiere den Vorzug auf dem Teller.

Bereits seit fast 200 Jahren ist die nordamerikanische Regenbogenforelle in Europa beheimatet. Ende des 19. Jahrhunderts in europäischen Flüssen ausgesetzte Bestände schrumpften nach kurzer Zeit so stark, dass erst die in Aquakultur sich entwickelnden ortsbeständigen Formen im Laufe der Jahre die wildlebenden Bestände sichern konnten.

Bei den europäischen Regenbogenforellen handelt es sich um Zuchtformen nordamerikanischer Forellenarten, die Ende des 19. Jahrhunderts in Deutschland heimisch wurden. Heute sind sie in der Aquakultur beliebte Zuchtfische, weil sie in Bezug auf Wasser- und Futterqualität weniger anspruchsvoll sind als die heimischen Bachforellen. Wilde Bestände leben in Bächen, Flüssen und Baggerseen. Regenbogenforellen erreichen Längen von circa 35 Zentimetern. Einzelne Tiere können bis zu 70 Zentimeter groß und sieben Kilogramm schwer werden. Von der Bachforelle unterscheidet sie sich durch den rosa schimmernden Streifen an den Flanken und die zahlreichen dunklen Punkte, die den gesamten Körper, mitsamt der Flossen, bedecken. Ob geräuchert, als Filet oder Mousse, die Bachforelle gehört auf jeden Teller.

DIE LACHSFORELLE

Der Name „Lachsforelle" bezeichnet keine eigene Forellenart. Vielmehr handelt es sich hierbei um die handelsübliche Bezeichnung einer Zuchtform der Regenbogenforelle. Ihr Fleisch hat im Gegensatz zur normalen Regenbogenforelle eine lachsartige Färbung, die durch die Zufütterung astaxanthinhaltiger Nahrung, die aus Algen gewonnen wird, entsteht. Dieses Carotinoid ist ein natürlicher Farbstoff, der unter anderem auch für die Rotfärbung bestimmter Krustentiere verantwortlich ist. Das Fleisch eignet sich zum Pochieren und Braten.

Die Lachsforelle besitzt keine eigene zoologische Bezeichnung,

sondern nur einen Handelsnamen. Dies liegt daran, dass es sich bei

diesem Fisch nicht um eine natürlich vorkommende Forellenart,

sondern um eine besondere Züchtung der Regenbogenforelle handelt.

Um ihren Namen zu verdienen, muss eine Lachsforelle im Handel mindestens

1,5 Kilogramm wiegen und eine Fleischfärbung aufweisen,

die der des Lachses sehr ähnlich ist.

Wie die Lachsforelle, ist auch diese goldglänzende Variante eine Zuchtform der
Regenbogenforelle. Ihr Fleisch ist etwas fester als das der Lachsforelle,
gleichzeitig aber wunderbar zart. Zur Entstehung der Goldforelle gibt es die
unterschiedlichsten Theorien: Eine dieser Geschichten führt die goldene Farbe des
Fisches auf eine konsequente Farbzüchtung zurück, eine andere Theorie spricht von
einer angeblich in den USA wildlebenden Goldforellenart, die nach Europa
importiert worden sein soll.

Die Goldforelle ist eine besonders schön gefärbte Variante der Regenbogenforellen. Neben ihrer schönen goldenen Färbung ist ihr festes, rötliches Fleisch ein weiteres Erkennungsmerkmal. Ansonsten unterscheidet sie sich nicht von normalen Forellen. In der Küche lässt sie sich besonders gut bei sehr hohen Temperaturen zubereiten, wie beim Braten oder Backen.

Wie alle Forellenarten gehört auch die Bachforelle zu den lachsartigen Fischen (Salmoniden). Sie ist in ganz Europa weit verbreitet und lebt vorzugsweise in sauerstoffreichen Gebirgsbächen und -flüssen. Ausgewachsene Tiere von circa 50 Zentimetern erkennt man an den seitlichen blaugrauen und roten „Fellflecken". Die Bachforellenmännchen haben einen hakenförmig gebogenen Unterkiefer. Die Weibchen sind etwas kleiner als ihre männlichen Artgenossen. Auf dem Speiseplan der Bachforelle stehen kleinere Fische und Insekten, die sie an der Wasseroberfläche jagt. Bereits seit Jahrhunderten werden Bachforellen erfolgreich in kalten Teichen als Besatzfische für geeignete Binnengewässer gezüchtet, in die sie im Alter von ein bis zwei Jahren ausgesetzt werden. Ihr fettreiches Fleisch hat einen fein-würzigen Geschmack, der geräuchert oder gedünstet besonders gut zur Geltung kommt.

DIE BACHFORELLE
LAT. SALMO TRUTTA FARIO

Junge Bachforelle

DIE MEERFORELLE
LAT. SALMO TRUTTA TRUTTA

Die große Seeform der Forelle lebt vor allem in Gebirgs- und Stauseen. Ihre Haut ist silbrig-grau gefärbt und mit einer Vielzahl schwarzer Punkte gemustert. Im äußeren Erscheinungsbild ähnelt sie damit der Meerforelle. In den europäischen Alpenseen findet man sie bis in Höhen über 2.000 Meter. Sogar im Bodensee ist sie beheimatet. Weit verbreitet ist die Seeforelle ebenfalls in Nordengland, Schottland, Wales und Irland. Je nach Habitatsbedingungen können diese Fische Längen von rund anderthalb Metern erreichen und bis zu 30 Kilogramm schwer werden. Als Wanderfisch laicht die Seeforelle in den Zu- und Abflüssen der Seen. Ihre Bestände sind allerdings durch die zunehmende Verschmutzung und Verbauung der Gewässer mittlerweile ernsthaft bedroht.

Bei Bach-, See- und Meerforelle handelt es sich genetisch um die gleiche Fischart. Je nach Lebensraum in den verschiedenen Gewässern variieren diese Fische jedoch in Größe und Färbung und tragen unterschiedliche lateinische Namen. So kann eine Meerforelle im Gegensatz zu der recht kleinen Bachforelle eine Größe von über 120 Zentimetern erreichen. Der Nachweis, dass es sich bei allen drei Forellentypen um die gleiche Art handelt, wurde erst vor einigen Jahren durch genetische Tests möglich.

Die Meerforelle ähnelt in ihrem Aussehen dem atlantischen Lachs. Sie ist die Stammform aller Forellenarten und ihren See- und Bachformen genetisch gleich. Die Weibchen haben einen grauen, die Männchen einen bräunlichen Rücken, helle Flanken und einen silbrigen Bauch. Schwarze Flecken mustern Kopf, Rücken und die Körperseiten. Über einen Meter groß, erreichen sie in Ausnahmefällen ein Gewicht von bis zu 40 Kilogramm und leben vor allem in den nördlichen Küstengewässern des Atlantik, aber auch in Nord- und Ostsee. Als anadromer Wanderfisch steigt die Meerforelle im Sommer oder Frühherbst zum Laichen in die Flussläufe auf. Im Gegensatz zum atlantischen Lachs können diese Fische sich mehrmals im Laufe ihres Lebens fortpflanzen, da sie nach dem Ablaichen nicht an Erschöpfung sterben. Gelangt einer der Jungfische nicht zurück ins Meer, so verwandelt er sich in eine Bach- oder Seeforelle. Besonders gut schmeckt das feinfasrige, aromatische Fleisch der Meerforelle geräuchert oder gegrillt.

Nahe Verwandte des atlantischen Laches sind seine im Nordpazifik beheimateten Vettern der Gattung Oncorhynchus. Die Tiere leben ein bis vier Jahre im Meer bevor sie zum Ablaichen in die Flüsse Alaskas und der nordwestamerikanischen Küste aufsteigen. Im Gegensatz zu ihren atlantischen Verwandten, die sich mehrmals fortpflanzen können, sterben die pazifischen Lachse nach ihrem ersten Ablaichen.

Auch wenn die meisten der atlantischen Lachse nach den Strapazen ihrer Ablaichung sterben, kann sich dieser Fisch, im Gegensatz zu seinem pazifischen Verwandten, theoretisch vier bis fünf Mal fortpflanzen. Alle Junglachse wachsen in den Oberläufen der Flüsse auf. Wandern sie ins Meer ab, müssen sie die sogenannte „Smoltifizierung" durchlaufen. Das heißt, ihr Körper passt sich automatisch an den Salzgehalt des Meerwassers an.

DER ATLANTISCHE LACHS
SALAR

Der Bewohner des Nordatlantiks und der Nord- und Ostsee unterscheidet sich von der verwandten Meerforelle durch seinen relativ kleinen Kopf und die graue Fettflosse. Der atlantische Lachs kann bis zu anderthalb Meter groß und 30 Kilogramm schwer werden. Als anadromer Wanderfisch zieht er zur Fortpflanzung aus dem Meer in die sauerstoffreichen Oberläufe der Flüsse. Dabei verändern die Männchen ihre Farbe, während die Weibchen silbrig-grau bleiben. Nach zwei bis fünf Jahren im Süßwasser treten die heranwachsenden Junglachse ihre Reise zu den nordeuropäischen Küstenregionen an. Lachse leben ein bis vier Jahre im Meer bevor sie zum Laichen in den gleichen Fluss ziehen, in dem sie ihre Kindheit verbracht haben. Erst durch den Aufenthalt im Salzwasser bekommt das Fleisch der Tiere den typischen Rotton. Die meisten Lachse sterben nach dem Ablaichen an Erschöpfung und können sich daher nur einmal in ihrem Leben fortpflanzen. Viele Lachse kommen heute aus Aquakultur, da Wasserverschmutzung und Industriebebauung die natürlichen Bestände stark dezimiert haben. Bei den Zuchtfischen bestimmen Haltung, Fütterung und Wasserqualität Farbe und Geschmack des Fleisches.

Wie auch die Regenbogenforelle wurde der Bachsaibling gegen Ende des 19. Jahrhunderts in die europäischen Flüsse eingeführt. Seine ursprüngliche Heimat liegt im Nordosten der USA (Maine) und in den südöstlichen Gewässern Kanadas. Zu erkennen ist er an seiner optisch ansprechenden Färbung mit rötlichem Bauchbereich und roten bzw. grünen Flankentupfen.

DER BACHSAIBLING
LAT. SALVELINUS FONTINALIS

Der Bachsaibling besitzt einen langgestreckten Körper mit flachem Kopf. Die Vorderränder der paarigen Vorderflossen und der Afterflosse sind weiß gesäumt. Sein Rücken ist grün-braun mit hellem Muster, die Flanken grünlich-gelb und der Bauch rötlich gefärbt. Auffällig erscheinen die zahlreichen gelblichen, grünen und roten Tupfen auf den Körperseiten. Der Bachsaibling erreicht in den meisten Fällen eine Größe von 20 bis 35 Zentimetern und ein Gewicht von etwa zwei Kilogramm. Ähnlich wie beim atlantischen Lachs schmeckt sein rötlich gefärbtes Fleisch sehr fein. Dieser Süßwasserbewohner kalter und schnellfließender Gewässer hat sich in Deutschland zu einem beliebten Speise- und Zuchtfisch entwickelt. Seine Zubereitung entspricht der des Seesaiblings.

DER WANDERSAIBLING
LAT. SALVELINUS ALPINUS

Der Bach- oder Wandersaibling verändert sein Erscheinungsbild vom Jungfisch zum geschlechtsreifen Exemplar. Die jungen Saiblinge erkennt man an ihren 13-15 dunklen Querstreifen, die sie auf den Körperseiten tragen. Während der Laichzeit sind die geschlechtsreifen Fische von einer farbenfrohen, auffälligen Färbung.

Alle Saiblingsarten gehören zoologisch zur Familie der Salmoniden (Lachsartigen). Besonders während der Laichzeit haben die Wandersaiblinge eine sehr auffällige Färbung: Ihr Rücken ist hellblau, die Flanken grau-blau bis grünlich mit roten Flecken. Brust-, Bauch- und Afterflossen sind leuchtend rot. Außerhalb der Paarungszeit ist die Färbung etwas weniger ausgeprägt. Der Seesaibling dagegen lebt vor allem im nördlichen Eismeer, steigt aber im Herbst zum Laichen in die Flussläufe auf. Die meisten Exemplare erreichen eine Größe zwischen 50 und 60 Zentimetern. Ihr Gewicht liegt dann bei rund zwei Kilogramm. In Ausnahmefällen werden einige Exemplare bis zu 15 Kilogramm schwer. In den Alpen, Skandinavien, England, Irland, Schottland, Island und Spitzbergen kommen die nahen Verwandten des Wandersaiblings auch als reine Süßwasserfische in Bächen und Seen vor. Pochiert, gedünstet oder in Sauerrahmbutter gebraten ist sein Fleisch ein Leckerbissen.

DIE FISCHER VOM ATTERSEE

Um einen Eindruck davon zu bekommen, was es bedeutet, als Fischer zu arbeiten, fahre ich nach Weyregg am Attersee und besuche die Fischersleute Josef und Walburga Lechner. Mit ihnen will ich hinaus fahren, um einen Fisch zu fangen, den wir auch unter dem Namen „Felchen" kennen, die sogenannte Reinanke.

In jedem See sind die Fische bekanntlich ein wenig anders: Wir erreichen das erste Netz.

Die aufgehende Sonne lässt die Fische im Netz bereits tief unter der Wasseroberfläche glänzen. Das Wasser ist kristallklar. Daher müssen die Netze sehr sauber sein und nach jedem Fang gewaschen werden, da die Fische die Netze ansonsten sehen und nicht hineinschwimmen würden. Die Netze ragen von der Wasseroberfläche bis in eine Tiefe von zehn Metern hinab. Vom Fischer Lechner erfahre ich, dass der Fangerfolg von vielen Faktoren abhängig sei. Zum Beispiel ist das Fischen bei Vollmond aussichtslos. Warum das so ist? Entweder sehen die Fische durch das Mondlicht die Netze im Wasser oder das Plankton steht tiefer. Plankton ist die Nahrungsquelle der Reinanken und sie halten sich immer dort auf, wo sie Futter finden.

Die maximale Tiefe des Attersees liegt bei circa 170 Metern und die Seeufer fallen sehr steil ab. Oft gehen Netze verloren, wenn sie bei Sturm ins tiefe Wasser getrieben und durch ihre eigenen Gewichte zum Grund hinabgezogen wurden.

Netz um Netz wird eingezogen. Zum Schluss haben wir gut sechs Kilogramm Reinanken im Korb. Kein schlechter Fang für die Lechners. Mir allerdings erscheint die Beute rar und so wird auch klar, dass der Fang nur ausgewählten Kunden zugeteilt wird. Aussichtslos für Touristen, direkt etwas beim Fischer zu erwerben. Für diese Kunden hält Josef Lechner ein paar Zuchtforellen bereit, die er in Drahtkörben im See hält. Die guten Reinanken bekommt nur, wer sich als würdig erweist und die Fische angemessen zu schätzen weiß.

Je nach Saison wird auch auf den Saibling gefischt. Die häufig vorkommende kleine Art hat sehr feines und zartes Fleisch. Etwa zehn Fische ergeben ein Gewicht von einem Kilogramm. Seltener geht der Wildfangsaibling ins Netz – er ist wesentlich größer und kann bis zu sechs Kilogramm wiegen. In dieser Größe ist auch die Seeforelle ein exquisiter Atterseefisch.

Auf Aale, die ebenfalls im Attersee zu finden sind, werde nicht mehr gefischt. Diese Spezies sei ohnehin nur durch Besatz in den See gelangt. Es gibt hier Exemplare, die rund 70 bis 100 Jahre alt sind.

Zurück an Land werden die Fische sofort geschuppt und ausgenommen. Ein Festmahl für die Lauben, deren Betreiber bereits vor Lechners Bootshaus auf die Beute lauern. Der Fisch wird frisch verkauft oder geräuchert, wobei Fischer Lechner auf angemodertes Buchenholz schwört.

Die Alpenseen sind klar und rein. Sie bringen wohlschmeckende, klare Fische, ohne das leicht muffige Aroma stark planktonhaltiger Seen hervor. Aber die geringe Planktondichte hat auch Nachteile. Die Erträge sind sehr gering.

DER BLAUFELCHEN
(AT. COREGONUS) LAVARETUS

Der Blaufelchen war vermutlich eine arktische Fischart, die es durch die Gletscherverschiebungen nach der letzten Eiszeit in den Bodensee und die Voralpenseen im Grenzgebiet zwischen Deutschland, Österreich und der Schweiz verschlagen hat. Der Blaufelchen, auch unter dem Namen „große Schwebrenke" bekannt, zählt zu den Maränen. Er erreicht Längen von 15 bis 40 Zentimetern, maximal aber 55 Zentimetern. Felchen sind Freiwasserfische, die sich überwiegend von Plankton ernähren. Ihr überaus fettreiches Fleisch schmeckt ausgezeichnet. Es eignet sich zum Grillen und Braten, ist aber auch geräuchert oder gedünstet eine Delikatesse.

Blaufelchen und Maräne haben die gleichen genetischen Wurzeln.

Sie unterscheiden sich in ihrer Verbreitung mehr als in ihrem Aussehen.

Dass sie heute unterschiedliche Lebensäume bevölkern hängt mit

Gletscherverschiebungen während der letzten Eiszeit zusammen,

durch welche es die Urform dieser Fische in räumlich getrennte Regionen Europas

verschlug, in denen sich die gleiche Art unterschiedlich entwickelte.

DIE MARÄNE
COREGONUS LAVARETUS

Die Maräne gehört zur größten Familie der Salmoniden. Sie hat silbrige, kaum gefärbte Schuppen und, wie bei Lachsfischen üblich, eine Fettflosse zwischen Rücken- und Schwanzflosse. In ihrem Lebensraum, den kalten Süßwasserseen Nordeuropas und Nordamerikas, braucht sie sehr sauerstoffreiches Wasser, was sie zu einem Indikator für gute Wasserqualität macht. Im Laufe der Jahre haben sich viele verschiedene Unterarten herausgebildet, die äußerlich nur schwer zu unterscheiden sind. Zusätzlich erschwert wird die Klassifizierung durch viele Umbenennungen und regional abweichende Bezeichnungen. Bei den großen Maränen, auch Renken genannt, unterscheidet man die Schwebrenken, die sich von Plankton ernähren, von den Bodenrenken, bei denen Bodentiere auf dem Speiseplan stehen. Die kulinarisch bedeutendste Art ist die kleine Maräne. Sie wird bis zu 30 Zentimeter groß und erreicht ein Gewicht von etwa 250 Gramm. Sie ist einer der wenigen hochwertigen Speisefische, der ausschließlich in Binnenseen anzutreffen ist. Die wirtschaftliche Bedeutung ihres zarten Fleisches nimmt im östlichen Raum zu. In der Region der mecklenburgischen Seen ist sie eine wahre Delikatesse.

DIE ÄSCHE
LAT. THYMALLUS THYMALLUS

Die Äsche ist ein in Schwärmen auftretender Fisch der europäischen Vorgebirgsflüsse.

Die Fische dieser Art werden im dritten und vierten Jahr ihres Lebens geschlechtsreif.

Im Gegensatz zu anderen Arten legen bei den Äschen die Männchen das Laichbett an.

Die wirtschaftliche Bedeutung der Äsche ist eher gering, sie ist jedoch

bei Anglern ein beliebter Beutefisch.

Das Verbreitungsgebiet der Äsche reicht in Europa von Wales, Frankreich und Norditalien bis zum Weißen Meer. Sie bevorzugt Gebirgsflüsse mit sandigem oder steinigem Untergrund und kommt in Skandinavien ebenfalls in sauberen Seen vor. Die Äsche hat einen relativ kleinen Kopf und einen seitlich abgeflachten Körper. Ausgewachsene Exemplare verfügen über einen grau-grünen Rücken, grünliche Flanken und einen weißen Bauch. Der obere Körperbereich ist mit dunklen, die Seiten mit gelblichen Längsstreifen versehen. Die stark ausgebildete Rückenflosse mustern rote und schwarze Flecken. Insgesamt schimmert die Äsche in allen Farben des Regenbogens. Diese Fischart sucht meist unter Steinen, überhängenden Ästen oder unterspülten Uferkanten Schutz. Äschen werden im Allgemeinen mehr als 40 Zentimeter groß und über ein Kilogramm schwer. Mit durchschnittlich fünf bis sechs Lebensjahren gehören sie zu den eher kurzlebigen Fischen. Das Fleisch der Äsche ist weiß und mager. Es gilt als ausgesprochen hochwertig und verfügt über einen feinen Duft und Geschmack.

Martin und Fritz Meichle sind Berufsfischer am Bodensee. Ein harter Job. Bei Wind und Wetter fahren sie hinaus, um mit Treibnetzen edle Felchen zu erbeuten. Aber auch der Beifang besteht aus wertvollen Fischen.

DIE GESCHICHTE VON FISCHER FRITZ UND SEINEM SOHN

Wir befinden uns in Hagnau am Bodensee. Es ist noch finster, eine mondlose, bewölkte Nacht. Exakt um drei Uhr fünfzehn sind wir verabredet. Hier scheint Disziplin zu herrschen. Fritz Meichle und sein Sohn sind schon vor Ort und machen das kleine Boot klar. Ein paar Meter nur misst es. Vorn eine winzige Kajüte, nein, eher ein Unterstand, der vor plötzlichen Unwettern schützt. Ich kann mir kaum vorstellen, wie unsere Ausrüstung, wir, Vater Meichle und sein mächtiger Sohn, bei Gewitter dort reinpassen sollen.

Als wir hinausfahren, zeigt uns die Nacht nur künstliches Licht und seine Spiegelungen im Wasser. Von dem wunderbaren Bergpanorama auf der Schweizer Seite, auf das wir nun zufahren, ist nichts zu erahnen. Die Treibnetze haben die Fischer bereits am späten Nachmittag ausgelegt. Ein ausgeklügeltes System von Schwimmern und Gewichten spannt sie im Wasser und lässt sie frei treiben. Manchmal sogar bis vor das Schweizer Ufer. Dank moderner Technik sind sie immer leicht wiederzufinden. Ein Peilsender und optische Signale, Blinklicht und Fahne, sind an einer Netzboje befestigt. Das Fischen mit Treibnetzen ist eine passive Fangtechnik. Nicht aktiv wie bei von Trawlern gezogenen Schlepp- oder Ringwadennetzen. Treibnetze sind eine Falle. Die Fische schwimmen in das Hindernis hinein, bleiben mit ihren Köpfen in den Maschen stecken, die Kiemen spreizen sich und sie können nicht mehr zurück. Kleine Exemplare dagegen gleiten einfach hindurch. Die Anzahl der Netze ist per Fischereirecht vorgeschrieben. Da Vater und Sohn Meichle beide ein Patent haben, dürfen sie mit doppeltem Fanggeschirr fischen. Hier auf dem Bodensee bedeutet das pro Fischer ein Netz mit 44 Millimeter Maschenweite und drei mit 40 Millimeter Weite. Jedes Netz ist 120 Meter lang und sieben Meter tief. Wir erreichen das erste Netz. Es ist noch dunkel. Die Fischer holen die Beute ein und winden die Fische aus den Maschen. „Von der Größe her sind das jetzt mal schöne Felchen", zeigt mir der immer freundliche und sympathische Martin, sichtlich stolz auf den guten Fang.

Felchen sind die Hauptfische im See. Sie gehören zu den Lachsfischen, tragen zwar deren typische Fettflosse, sind aber im Gegensatz zu ihren Artgenossen Planktonfresser. Der wissenschaftliche Name der Gattung ist „Coregonus". Irgendwie hat die Eiszeit sie in kleine und kleinste Populationen zerlegt, weit verstreut und isoliert. So findet man Unterarten in Skandinavien, an den Küsten der Nord- und Ostsee und separate Arten in einzelnen Alpenseen. Optisch sind alle Arten kaum voneinander zu unterscheiden. Die Isolation der Populationen dagegen führte zu unterschiedlichen Artenbildungen. Die Renke findet man in den Seen bei München, die Reinanke in Österreich, den Schnäpel an der Ostsee, den Silberfelchen im Laacher See, die Maräne von den Britischen Inseln bis nach Russland. Viele weitere Arten tummeln sich im nordeuropäischen Raum. Heute stellen die Coregonus die artenreichste Familie der Salmoniden dar.

„Im Bodensee finden wir drei Arten", erklärt uns Martin. „Die Kleineren sind die Gangfische. Hier nennt man sie auch Silberfelchen oder Bruhle. Die häufigste Art sind die Blaufelchen oder Schwebrenken. Die Größten sind die Sandfelchen. Manche Exemplare bringen es auf drei bis vier Kilogramm. So haben wir dann für jeden Kundenkreis was dabei. Wenn man's fängt."

Häufig sind auch Krätzer im See, das entspricht dem Namen für den Flussbarsch. Ferner fängt man Seeforelle, Zander, Wandersaibling, seltener Aalrutte oder Äsche. Insgesamt sind es 35 Fischarten, die der See beherbergt. „Und immer kommen noch welche dazu", zwinkert Martin. „Wenn gewisse Leute, die ihre Aquarien nicht mehr wollen, es nicht über's Herz bringen, ihre Fische zu töten."

Die Meichles verarbeiten ihre Fänge selbst weiter. Sie filetieren und räuchern. Eine Spezialität ist „Felchen nach Matjes Art". Privatleute und Restaurants kaufen Meichles Fisch direkt im angeschlossenen Laden der Manufaktur. Täglich frisch.

Der Bodensee

Mit seinen 536 Quadratkilometern ist der Bodensee das größte deutsche Binnengewässer. Dank seiner Tiefe bleibt er auch bei hohen Außentemperaturen ein sommerkühler See, der rund 35 verschiedene Fischarten beheimatet. Von diesen kommen vor allem Aal, Flussbarsch, Forelle, Zander, Felchen und Saibling besondere kulinarische Bedeutung zu. Nach Jahrzehnten starker Belastung des Wassers durch Düngemittel und kommunale Abwässer ist der Bodensee heute so sauber wie schon lange nicht mehr. Der Phosphatgehalt des Wassers sinkt. Man sollte meinen, das sei eine gute Nachricht für die ansässigen Fischereibetriebe. Paradoxerweise sinken aber die Fangerträge und -größen einiger Fischarten. Die Planktonfresser wie der Felchen finden in dem nährstoffreichen Wasser nicht mehr genug zu fressen. Trotzdem gehen einige Fischereifamilien auch heute noch ihrem traditionellen Handwerk nach, allen Widrigkeiten zum Trotz.

Wir fahren Netz für Netz ab. Einige liegen kurz vor der Schweizer Grenze. Hier ist vor kurzem ein allein arbeitender Fischer ums Leben gekommen. Er sei beim Einholen seines Netzes ins eiskalte Wasser gefallen. Das Boot tuckerte langsam weiter. Ihn aber verließen schnell die Kräfte, „aufgezehrt" vom kalten See. Die Sonne geht auf und trifft uns mit einem goldenen Strahl. Wunderbares Licht taucht das Boot, seine Besatzung und endlich auch die Landschaft in warme, glühende Farben. „Jetzt könnt ihr was erleben", lacht Martin. Ein Schweizer Fischerboot tuckert heran. Es ist Hugo, ein alter Freund, der zusammen mit seiner Frau das Fischereigewerbe betreibt. Von Boot zu Boot wird nun Seemannsgarn gesponnen. Leider verstehe ich, ob des Dialekts, kein Wort. Die Geschichten müssen aber gut gewesen sein, denn beide Boote entfernen sich mit ihren grinsenden und lachenden Insassen. „Hugo, ade! Das ist eine Fischerfamilie wie sie im Buche steht", beendet Martin diese Episode. Nachdem alle Netze eingeholt sind, werden die Fische noch an Bord ausgenommen. Das Boot tuckert normalerweise mit fixem Ruder zurück. Heute darf ich fahren. Um die Uhrzeit zu erkennen, haben die beiden Fischer ihre eigene Technik entwickelt: „Da ist schon die acht Uhr Fähre nach Konstanz." Während der Rückfahrt arbeiten beide fleißig. „Schau, ganz feiner Gries. Das ist ein Weibchen", führt Fritz aus und hält uns den geöffneten Bauch eines Blaufelchens entgegen. Aus diesem Gries, dem Felchenrogen, stellen die Fischer hier einen exzellenten, feinkörnigen und goldgelben Felchenkaviar her.

Martin erzählt: „Es gibt da einen Unterschied bei den Voralpenseen. Wir unterscheiden zwischen Forellensee und Renkensee, also Felchensee. Die schwanken im Ertrag zwischen ein bis zwei Kilogramm Fisch pro Hektar im Forellensee und zwischen zwei bis fünf Kilogramm Ertrag im Felchensee." Zu erklären sei das mit der Tiefe der Seen. Flache Gewässer ernähren Karnivoren, also Fleischfresser wie Forellen, tiefe Seen besser Omnivoren, also Allesfresser wie die Felchen, die Plankton und Mikroorganismen aufnehmen. „Der Bodensee, ein typischer Felchensee, erwirtschaftete früher 1.000 Tonnen Fisch im Jahr. 70 Prozent davon Felchen. Heute sind es wesentlich weniger." So merkwürdig das klingen mag: Grund dafür ist die zunehmende Sauberkeit des Gewässers. Denn die Bildung des Planktons, die Nahrung der Felchen, wird durch Düngung, sprich Verunreinigung, gefördert. Nicht einmal der sonst so muffige Karpfen schmeckt hier noch modrig.

Wir sind kurz vor dem Hafen. Die anderen Fischerboote des Ortes sind bereits da. Sechs sind es an der Zahl, plus ein weiteres aus der Nachbarstadt Meersburg. „Wenn man es so sieht, ist Hagnau das größte Fischerdorf am See", führt Martin mit unsicherer Miene aus. „Aber es werden immer weniger. Der Job ist hart, kein Traumberuf für die meisten, und wie gesagt, die Fänge nehmen ab."

So, was passiert jetzt? Ich vermute, dass die Meichles genauso müde sind wie ich und sich nun noch mal für ein Stündchen hinlegen. Weit gefehlt. Nun wird der Fang zur kleinen Fabrikation gebracht. Ein Teil der Fische wird filetiert, ein anderer Teil gesalzen und geräuchert. Auch die Räucherfische werden ausfiletiert, Felchen nach Matjesart fermentiert. Und dann steht im September, Oktober die Kaviarproduktion an. Mutter Meichle verkauft den Fang im kleinen Laden an Gastronomen und Privatkunden. Jaja, in der dritten Generation betreibt die Familie das Geschäft nun schon. Pure Profis. Nach seinen Hobbies befragt, sagt Martin: „Was mir Spaß macht? Den jungen Leuten zu zeigen, wie man mit Fisch umgeht. Denn in der Schule lernen sie ja nicht, wie man Fisch richtig auseinander nimmt."

FILETIERUNTERRICHT IN DER SCHULE

Percidae (Barsche)

Die weltweit verbreiteten Barsche sind eine der artenreichsten Familien der Knochenfische. Neben reinen Meer- und Süßwasserfischen kommen unter den Barschen auch Arten vor, die als anadrome Wanderfische zum Laichen in die Flüsse aufsteigen. Der wertvollste Barsch in der europäischen Spitzengastronomie ist zweifellos der marine Wolfsbarsch, den man im Handel und auf den Speisekarten der Gastronomie meist unter seinem französischen Namen „Loup de mer" findet. In den Süßgewässern Europas untscheidet man sechs verschiedene Gattungen der Barsche, die wiederum in zwölf Arten unterteilt werden.

Die Echten Barsche fasst man unter ihrem wissenschaftlichen Namen Percidae zusammen. Sie sind in den Süßwasserregionen der Nordhalbkugel unserer Erde weit verbreitet. Zu den bekanntesten europäischen Vertretern zählen der Flussbarsch (Perca fluviatilis), der Kaulbarsch (Gymnocephalus cernuus) und der Zander (Stizostedion lucioperca).

Der Flussbarsch ist ein in Europa weit verbreiteter Speisefisch. Sein Körper ist hochrückig und an den Seiten abgeflacht. Er besitzt eine geteilte Rückenflosse, von denen das vordere Segment einen charakteristischen schwarzen Fleck am hinteren Rand trägt. Die dunkelgrüne obere Rückenpartie zieren dunkle Querstreifen, während das Bauchfell des Flussbarsches silbrig-weiß gefärbt ist. Je nach Lebensraum kann seine Farbe stark variieren. Auffällig sind die gelben Brustflossen. Bauch-, After- und Schwanzflossen sind dagegen rötlich gefärbt. In heimischen Gewässern erreicht der Flussbarsch Größen zwischen 30 und 50 Zentimetern. Sein Verbreitungsgebiet erstreckt sich über Teile Westeuropas bis zum Ural und nach Vorderasien. Flussbarsche sind räuberische Jäger und ernähren sich vorwiegend von anderen Fischen. In den Handel kommen sie meist nur bis zu einer Größe von rund 25 Zentimetern. Gebraten oder gedünstet schmeckt ihr Fleisch besonders delikat.

DER GEMEINE ZANDER
LAT. STIZOSTEDION LUCIOPERCA

Das Vorkommen von Zandern in einem Gewässer ist ein guter Indikator für die Sauberkeit des Wassers, denn Zander reagieren sehr empfindlich auf die Verschmutzung ihres Lebensraumes. Diese Fischart ist sowohl von großer wirtschaflicher Bedeutung aufgrund seiner Verwendung in der Gastronomie als auch ein beliebter Angelfisch.

Der Zander lässt sich anhand seiner weit auseinanderliegenden Bauchflossen gut von dem verwandten Flussbarsch unterscheiden. Er hat einen langgestreckten, spindelförmigen Körper, der hinter dem Kopf nicht so stark aufgewölbt ist wie bei den Barschen. Der europäische Zander kann mehr als einen Meter lang und über 10 Kilogramm schwer werden. Die Farbe des Rückenbereiches variiert zwischen grau-grün und grau-braun. An den Seiten befinden sich dunkle Querstreifen, die in Flecken übergehen können. In Europa erstreckt sich das Verbreitungsgebiet der Zander vom Rhein bis zum Baltikum. Auch im Kaspischen, Asowschen und Schwarzen Meer kommt er vor. Der Zander bedarf tiefer, ruhiger und sauberer Gewässer mit hohem Sauerstoffgehalt. Als beliebter europäischer Speisefisch eignet sich sein festes, weißes Fleisch besonders zum Braten und Grillen.

Der Nilbarsch ist ein in Afrika heimischer Süßwasserfisch, der vor allem im Kongo, Niger und Senegal heimisch ist. Auch im Nil findet man ihn häufig. Er zählt zu der Familie der barschartigen Fische. Die Haut des Nilbarsches schimmert silbrigblau, sein Auge weist eine auffällig große schwarze Pupille auf, die von einer leuchtend gelben Iris umrandet wird. Mit einer Maximallänge von bis zu zwei Metern ist er einer der größten Süßwasserfische. Man findet ihn in allen Wasserzonen stehender und fließender Gewässer. Der Raubfisch ernährt sich von Fischen, Krustentieren und Insekten. Im Handel findet man ihn oft unter dem Namen Viktoriabarsch, obwohl er ursprünglich gar nicht aus dem Viktoriasee kommt. Die künstliche Einbringung des Nilbarsches in den Viktoriasee in den 60er Jahren des vergangenen Jahrhunderts hatte katastrophale Folgen für das seeeigene Ökosystem. Da dieser Fisch im Viktoriasee keine natürlichen Feinde zu fürchten hatte, kam es zu einer spektakulären Massenvermehrung der Tiere. Die Nilbarsche begannen, heimische Arten zu verdrängen. Besonders verschiedene Buntbarscharten wurden verdrängt. Zusammen mit Kaffee und Blumen gehört der Viktoriaseebarsch heute zu den wichtigsten Exportprodukten der den See umgebenden Länder Uganda, Kenia und Tansania. Das Geschäft mit dem Barsch ist die Lebensgrundlage vieler Familien vor Ort, zahlreiche ehemalige Bauern haben sich beruflich umorientiert und arbeiten heute als Fischer. Die Fischfabriken, in denen die im See gefangenen Fische verarbeitet werden, wurden teilweise mit der Hilfe von Fördergeldern der Europäischen Union und der Weltbank errichtet und weisen höchste hygienische Standards auf.

Die Ausbringung des Nilbarsches in den Viktoriasee brachte in den 1960er Jahren das Ökosystem dieses drittgrößten Süßwassersees der Welt so durcheinander, dass fast alle ursprünglichen Barscharten im See ausstarben. Seitdem gilt der Viktoriabarsch als mahnendes Beispiel für negative Folgen menschlichen Eingreifens in ein Ökosystem. Seiner enormen Verbreitung im See verdankt der weltweit unter dem Namen Viktoriabarsch verkaufte Fisch, dass er zu einem beliebten und günstigen Speisefisch wurde. Allein in der EU werden jährlich über 40.000 Tonnen Viktoriabarsch verkauft.

DER NIL- ODER VIKTORIABARSCH
LAT. LATES NILOTICUS

Der Streifenbarsch ist ein reiner Zuchtfisch, der aus der Kreuzung des nordamerikanischen Felsenbarsches (Morone saxatilis) mit dem süßwasserbewohnenden Weißbarsch (Morone chrysops) entstand. Er vereinigt positive Eigenschaften beider Elternfische wie Temperaturtoleranz, Krankheitsresistenz und schnelles Wachstum und ist somit ein reiner Wirtschaftsfisch. Die Haut des Streifenbarsches glänzt silbrig-grau und wird an den Flanken von dunklen Längsstreifen durchzogen. Streifenbarsche erreichen ein Maximalgewicht von 10 Kilogramm und können sowohl in Salz- als auch in Süßwasser gehalten werden. Sie werden vorzugsweise in Israel, Italien und in der Türkei, mittlerweile aber auch in Deutschland, gezüchtet. Das weiße, feste Fleisch des Streifenbarsches eignet sich für viele verschiedene Garmethoden. Sanft in Butter oder Olivenöl gebraten oder auch pochiert, ist es eine nicht ganz so hochwertige Alternative zu dem in Europa kaum erhältlichen Felsenbarsch, der in den USA als „Stripped bass" im Handel ist.

DER STREIFENBARSCH
LAT. MORONE SAXATILIS CHRYSOPS

An der gesamten Ostküste der USA ist der Streifenbarsch ein gern gesehener Gast auf den Speisekarten der Gastronomie. aber nicht nur dort, sondern auch bei Züchtern in Europa erfreut er sich großer Beliebtheit. Bei dieser Art handelt es sich um eine wirtschaftlich vorteilhafte Kreuzung aus Felsen- und Weißbarsch

Dieser Fisch könnte eine der Möglichkeiten bieten, den Hunger in weiten Teilen der Welt zu bekämpfen. Er vermehrt sich schnell, ist ein günstiger Eiweißlieferant und extrem anspruchslos in der Haltung. Die einzige Bedingung für die Haltung von Tilapien ist eine konstante Wassertemperatur von um 20 °C.

DER TILAPIA AZUL
LAT. OREOCHROMIS AUREUS

DER NILTILAPIA
LAT. OREOCHROMIS NILOTICUS

Der Tilapia, ein Buntbarsch, ist in Afrika und im Mittleren Osten heimisch. Man unterscheidet heute circa 40 verschiedene Arten von Tilapien. Sein Name leitet sich von dem Wort „thiape" („Fisch") aus der Sprache des südafrikanischen Tswana-Volkes her. Bedingung für seine Zucht sind Wassertemperaturen um 20 °C. In Europa und den USA werden Tilapien erfolgreich in Aquakulturen gezüchtet. Eine besondere Eigenschaft der Tilapien ist ihre aufwändige Brutpflege. Als sogenannte Maulbrüter nehmen die Tiere ihre Brut zum Schutz vor Fressfeinden in ihre Mundhöhlen auf. Man unterscheidet die Gattungen Sarotherodon, bei denen beide Geschlechter brüten, und Oreochromis, bei denen fast ausschließlich die Weibchen an der Brutpflege beteiligt sind. Besonders in Gebieten der Dritten Welt kann dieser extrem anspruchslose Fisch als wichtiger Eiweißlieferant eingesetzt werden. Einzige Haltungsvoraussetzung ist die relativ hohe Wassertemperatur. Ansonsten kann er in den kleinsten Tümpeln gezüchtet werden und gibt sich auch mit einem sehr bescheidenen Futterangebot zufrieden. Auf dem Teller schmeckt er am besten gebraten.

Auf den Spuren Petris
Und sie aßen nur das, was rein war und Land und Leuten keinen Schaden brachte.

Heute ist der geschichtsträchtige 11. September. Ich werde am nächsten Tag nach Israel fliegen, um mir die Produktion von Biofisch anzuschauen. Ein Mega-Trend. Über „Deutsche See" habe ich von einem Kibbuz erfahren, der in einer Teichwirtschaft bio-zertifizierte Rote Trommler und Tilapia produziert. Wie soll das gehen? Tilapien sind Süßwasser-Buntbarsche und Rote Trommler sind Umberfische aus dem Golf von Mexiko und von der Südküste der USA.

Ich schaue noch etwas fern. Stern TV mit Günther Jauch. Ach, Tim Mälzer ist zu Gast, den hab ich ja gestern noch in Hamburg getroffen. Jetzt muss der arme Kerl mit verbundenen Augen durch Probieren Bioprodukte von normalen unterscheiden. So ein Quatsch, Herr Jauch, das kann ja nicht klappen. Bio ist eine Art, Produkte ökologisch und umweltgerecht zu farmen und kein Label für guten Geschmack. Jauch füttert den armen Tim. Bei den Pommes hat er noch Glück. Aber alles andere geht schief. Die Möhren, der Obstsalat, das Fleisch: kein Treffer. Mit zwinkerndem Auge schiebt Tim Mälzer das Fehlschlagen der Aktion auf einen Schnupfen. Tim, diesen Test hätte keiner geschafft. Trotzdem denke ich, dass Tim das mit Bio-Tilapia hinbekommen hätte. Der schmeckt wirklich viel besser, warum auch immer.

Und so zogen sie denn gen Geva, um den Tilapia zu sehen.

Andreas Lippmann ist Manager für Bioprodukte bei „Deutsche See". Um fünf Uhr morgens holt er mich vom Flughafen in Tel Aviv ab. Ich bin noch etwas müde, denn ich habe keinen Direktflug bekommen und den ganzen Abend im Flughafen von Athen verbracht. Die Autobahn führt uns durch die Stadt, die hell erleuchtete Metropole wirkt hochmodern. Aber noch schläft sie. Wenig später biegen wir auf die A6, die uns entlang der Westbank in den Norden führt. Die Fahrt geht direkt vorbei an der stacheldrahtgekrönten Mauer, die arabische Siedlungen von israelischen trennt. Die Gegend wirkt beklemmend und dieses Gefühl wird durch einen brandigen Geruch unterstützt, der uns endlose Kilometer lang begleitet.

Wir begeben uns auf die Suche

nach den Fischen, die schon Petrus fing.

DA ERBLICKEN SIE DAS TAL DES JORDANS UND DAS LAND JENSEITS DES UFERS

Wir verlassen die Autobahn und fahren in Richtung Nazareth, das vor uns auf einem Hügel thront. Wir durchqueren das Tal Israel, historische Orte rings um uns. Megiddo, eine Stadt, die auf einem Berg tront und seit etwa 6.000 vor Christus existiert. Bis heute ist sie kontinuierlich bewohnt. Auf dem Berg von Megiddo „Har-Magedon" (Armageddon) wird laut der Apokalypse des Johannes die letzte Schlacht zwischen Gut und Böse stattfinden. Aber bitte nicht heute, erst wollen wir die Fische sehen.

Das Tal ist weit und fruchtbar. Große Teichlandschaften und Felder bilden einen harmonischen Fleckenteppich. Erste Zugvögel aus Osteuropa sind eingetroffen. Störche und Reiher waten entlang der Teiche. Schwalben und Kiebitze schwirren über ihren Köpfen. Waghalsige Agrarflieger schießen unter Hochspannungsleitungen her, um ihre giftige Fracht auf Baumwollfelder zu sprühen. Eine große Zukunft haben die hier nicht. Mehr und mehr stellt das Tal auf ökologische Landwirtschaft um. Den lokalen Pionier dieser Bewegung werden wir später kennenlernen.

Wir erreichen den Punkt Normalnull. Von jetzt ab werden wir uns unterhalb des Meeresspiegels bewegen. Ihren tiefsten Punkt erreicht diese Depression mit -400 Metern am Toten Meer. Legt man den Grund des Sees für das Maß zugrunde, sind es sogar -794 Meter, der tiefste Landpunkt der Erde.

Das Tal Israel ergießt sich ins Jordantal. Links gegenüber die Golanhöhen, die jetzt gut sichtbar werden. Gefährliche Gegend. Hier, wo wir sind, schlugen dann und wann die Katjuschas ein. Doch sehr viel Schaden richteten die „Katharinchen", diese russische Raketenorgel mit Todesmelodie, zum Glück nicht an. Vor den Golanhöhen lässt sich der Lauf des Jordans erahnen. Er findet seinen Weg ins Tote Meer, aus dem es kein Entrinnen gibt. Nur als Wasserdampf.

Seine Fracht aus Salz und Mineralien lässt er dabei in dem tiefen See zurück. Mit einem Salzgehalt von 33 Prozent ist dieses Gewässer eigentlich schon jenseits des Sättigungsgrades. Nur der hohe Luftdruck des weit unter dem Meeresspiegel liegenden Gewässers und die speziellen Salz-Moleküle machen das möglich.

Am Rande des Tals reiht sich Kibbuz an Kibbuz. Wir biegen ab und fahren entlang einer Dattelpalmen-Allee hinauf zum Kibbuz Geva. Das stählerne Tor ist bewacht. Auch hier fürchtet man Anschläge von Terroristen.

Omri Lev empfängt uns. Der kräftige Mann ist im Kibbuz geboren, war Kampfschwimmer in der Armee, Profi-Basketballer und ist dann in den Kibbuz zurückgekehrt, um die Teichwirtschaft der Gemeinschaft zu leiten. Vier Generationen der Familie leben hier, inklusive seiner Kinder. Auch seine Frau kommt aus Geva und ihre Eltern und Großeltern ebenso.

Geva ist einer der ältesten Kibbuze in Israel. 1921 kam eine Gruppe jüdischer Russen mit der zweiten Einwanderungswelle in dieses Tal. Neun von ihnen blieben mit ihrem Muli-Karren hier im Schlamm stecken und kamen nicht weiter. So blieben sie einfach an Ort und Stelle und gründeten Geva, was so viel wie „Heil" bedeutet. Der Rest der Gruppe zog einen Hügel weiter und gründete den benachbarten Kibbuz. In einem eigenen Museum, eingerichtet in einem der ersten Gebäude, kann man Reliquien aus dieser Zeit bewundern. Auch die Waffen, die zur Abwehr der Palästinenserangriffe eingesetzt wurden, denn bekanntermaßen waren die hier heimischen Araber von der Einwanderung der Juden nicht sehr begeistert.

Allerdings waren Waffen illegal und regelmäßig veranstalteten die Engländer, unter deren Protektorat das Land zu jener Zeit stand, Razzien, um nach ihnen zu suchen. Fand man welche, wurden alle Männer der Gemeinschaft eingesperrt und die Waffen beschlagnahmt. So gehörten ihre Verstecke zu den am besten gehüteten Geheimnissen einiger weniger Männer. Wie Omris Großvater, der sein Wissen gar mit ins Grab nahm. Noch heute werden bei Bauarbeiten Waffen und Munitionsverstecke gefunden.

Die Idee eines Kibbuz ist eine grundsätzlich sozialistische. Auf dem zu besiedelnden Land, das zunächst vom Jüdischen Nationalfond in Europa vergeben wurde, denn der Staat Israel bestand ja noch nicht, sollten autarke, also selbstständig lebensfähige Gemeinschaften gebildet werden, die sich selbst versorgen und regieren mussten. Dieses Land wurde nicht Eigentum der neuen Einwanderer, sondern stand ihnen nur zur Verfügung. Bis heute gibt es in Israel keinen Landbesitz. Lediglich der ehemalige Ministerpräsident Sharon hatte sich während seiner Amtszeit einmal kurzerhand selbst eine Ausnahmegenehmigung erteilt. Die ersten Kibbuze entstanden bereits 40 Jahre vor der israelischen Staatsgründung. Ihren Bewohnern gelang es, trotz großer Hindernisse und Unerfahrenheit, mit körperlicher Arbeit mitten in einem verwahrlosten Land blühende Inseln zu schaffen.

Man zeigt uns das Areal, nicht nur die besagte Pumpenfabrik gibt es hier zu bewundern. Unter großen Dächern stehen Kühe, mit denen intensiv Milchwirtschaft betrieben wird. Damit die Tiere die große Hitze hier aushalten, blasen ständig Ventilatoren Wassernebel in die Unterstände. Neben dem Milchvieh wird eine kleine Herde Wasserbüffel zur Fleischproduktion gehalten. Die erwachsenen Tiere verbringen ihren Tag in den Teichen des Refugiums. Schafe und Ziegen liefern Fleisch und Milch für guten Käse. Wir haben Gelegenheit, beim Scheren der Schafe zuzusehen. Das macht ein arabischer Spezialist von außerhalb. Er erledigt das in drei Tagen, wofür früher mehrere Kibbuzniks drei Wochen brauchten. Die Schafe sind eine Mischung aus Holsteinern, die eine große Gebärfreudigkeit mitbringen, und arabischen Rassen, die gut mit der Hitze zurechtkommen und eine große Milchleistung aufweisen. Auch eine Hühnerfarm befindet sich auf dem Gelände. Überall liegen Hunde herum und auch die Menschen, die hier arbeiten, machen nicht den Eindruck, als würden sie schwer arbeiten müssen.

In den Büros, die den einzelnen Abteilungen zugeordnet sind, hat man sich gemütlich eingerichtet. Die Wände sind passend bemalt, alte Sofas und einfache Tische laden zum gemütlichen Verweilen ein. Chill-Out-Zone heißt das wohl in zeitgemäßer Sprache. Nun, wo leistungsorientierte Bezahlung und wirtschaftlicher Druck nicht existieren, kann man sich Müßiggang leisten. Trotzdem funktionieren die Gemeinschaften. Arbeit, die anfällt, wird getan. Jeden Tag werden die Aufgaben verteilt, Leute da eingesetzt, wo es gerade nötig ist. So sind viele heute Kellner, ernten morgen Fische und montieren am nächsten Tag Bewässerungspumpen oder arbeiten auf den Feldern und Plantagen, um Zitrusfrüchte, Granatäpfel, Datteln oder Getreide zu ernten.

UND SIE SAHEN DEN REICHTUM AN TIEREN UND BEGEGNETEN DEN MENSCHEN DES ORTES

Diese Wasserbüffel leisten einen wichtigen Beitrag zur Düngung des Gewässers, in dem in diesem Falle Tilapien gezüchtet werden. Diese sind Plaktonfresser. Mit ihrem Dung sorgen die Büffel für eine schnelle Vermehrung des Planktons im Wasser. Aber auch gegen die Verschilfung der Uferzone sind diese ruhigen Tiere willige Helfer: Sie weiden überschüssige Pflanzen einfach ab.

SO MACHT EUCH AUCH DIE FISCHE DES WASSERS UNTERTAN

Auch Omris Abteilung ist recht gemütlich eingerichtet. Vor seinem Bürocontainer stapeln sich Netze. Im Innern gibt es ein Aquarium mit Guppies, ein Sofa und einen Tisch, der zu Besprechungen, mehr aber noch zum gemütlichen Trinken und Plaudern dient. Direkt gegenüber liegt die kleine, aber moderne und effektive Fischverarbeitungsanlage. Hier wird geschlachtet, filetiert und schockgefroren. Frische Ware liefert der Kibbuz nicht. Zum einen ist sie nicht immer in den gewünschten Mengen verfügbar und zum anderen möchte man der Ökobilanz zuliebe keine Bioprodukte auf dem Luftweg transportieren und das wäre bei Frischware unumgänglich.

Endlich geht es zu den Teichen. Entlang des gesamten Tals erstrecken sich die Anlagen, von den 2.000 Meter hohen Bergen im Westen aus gut zu sehen. Omris Teiche waren die ersten, die hier nach biologischen Kriterien betrieben wurden. Ja, er war der Erste weltweit, der Bio-Tilapia züchtete, und er ist nun der Erste weltweit, der Bio-Rote Trommler farmt. Anfangs hat man ihn noch belächelt. Aber als dann die ersten Erfolge kamen, folgten ihm andere im Tal Israel und der „Bio-Gedanke" verbreitete sich überall.

Nur wer den Regeln folgt, soll das Siegel tragen

Geva hat für seine Biofische ein eigenes Label entwickelt. Es besagt, das die so gekennzeichnete Ware nur Futter aus biologischem Anbau erhält und die Besatzdichte der Teiche weit unterhalb der traditionellen Anlagen liegt. Zudem muss Geva aber auch die Normen von „Deutsche See" erfüllen. Denn dieses Unternehmen hat ein firmeneigenes Biofischsiegel mit zusätzlichen eigenen Standards entwickelt, das über die in der EU ab 2009 geltenden gesetzlichen Vorgaben hinausgeht. Verbände, die von „Deutsche See" als Biofischproduzenten anerkannt werden, sind: Soil (GB), Naturland (D), Off (GB), DeBio (N) und Agrior (IL). „Deutsche See" kauft keine Fische über den „Öko-Spotmarkt" zu und verpflichtet sich, Fische und Meeresfrüchte aus der ökologischen Produktion nicht über den Luftweg zu transportieren. Im Bereich der ökologischen Aquakultur kauft das Unternehmen nicht von Betrieben, die mit Setzlingen aus Wildfang arbeiten oder etoxiquinhaltige Futtermittel verwenden. Außerdem müssen alle Stufen der Produktionskette eines Bioprodukts von „Deutsche See" im ökologischen Bereich stattfinden und die Einhaltung der Standards wird durch Kontrollstellen objektiv protokolliert. Zu den nicht akzeptierten Öko-Aquakulturstandards gehören die Richtlinien von Qualité France und SKAL.

UND SIE WUCHSEN
UND VERMEHRTEN
SICH

Omri bewirtschaftet 40 Hektar Wasserfläche. Vor zehn Jahren fing er, der Pionier, mit Tilapia an und entwickelte den Markt. Schnell erkannten andere das Potenzial dieses Fisches. Farmen in Afrika, wo Tilapien heimisch sind, folgten. Aber auch in Südamerika und Asien wurden die in diesen Gebieten zuvor unbekannten Tiere eingeführt. In den neuen Farmen wuchsen die Tiere schneller, denn in Israel, der nördlichsten Farm dieser Spezies, ist es im Winter so kalt, dass fünf Monate kein Wachstum zu verzeichnen ist. Außerdem ist aufgrund der manchmal auftretenden extremen Winterkälte die Mortalitätsrate recht hoch. Tiefere Teiche bis fünf Meter, bei uns sind es 1,2 Meter, sollen für wärmeres Wasser sorgen.

Aber das alles macht den Fisch aus Israel zu teuer im internationalen Wettbewerb. Omri reagierte mit differenzierten Produkten und der Herstellung von Spezialitäten, um den Wertschöpfungsgrad zu erhöhen. Zusätzlich führte er den Roten Trommler ein, einen Salzwasserfisch aus dem Golf von Mexiko und von der südlichen Atlantikküste Nordamerikas. Damit hatte er wieder etwas Neues, etwas Eigenes, das ihm bislang noch keiner nachmachen konnte.

Und hier sind wir wieder bei der Frage: Wie kann man einen Süßwasserfisch, den Tilapia, und einen Meeresbewohner, den roten Trommler, in einem Teich halten. Die Teiche werden von Pumpen genährt, die Wasser fördern, das 1.000 bis 1.500 Milligramm Salz pro Liter enthält. Durch Verdunstung konzentriert sich der Salzgehalt auf bis zu 3.000 Milligramm je Liter, also fast auf Meerwasserniveau, das im Durchschnitt 3.500 Milligramm Salz je Liter aufweist. Das erklärt die Lebensbedingungen für den Roten Trommler, der zudem noch unempfindlich gegen Schwankungen der Salinität ist, da Trommler von Natur aus bis ins Brackwasser aufsteigen. Ich erfahre, dass man hier in der Gegend sogar St. Pierre farmt. Aber der Tilapia? Ganz einfach. Hierbei handelt es sich um eine heimische Art: Oreochromis aurea, der Jordan-Tilapia, den man auch als Petrusfisch bezeichnet. Wohl, weil er zu den häufigsten Fischen gezählt haben dürfte, die dieser berühmt gewordene Fischer fing. Dieser Fisch hat sich über Jahrtausende an die Salinität des Wassers hier angepasst. Und hier liegt auch das Geheimnis des besonderen Geschmacks des Fisches, der so gar nichts von dem typischen Algenmuff der rein süßwassergefarmten Tiere hat. Der Jordan-Tilapia schmeckt klar und rein, wie ein Meeresfisch. Zudem entdecken wir noch ein Geheimnis: Unzählige winzige Garnelen leben hier und bilden neben dem Pellet-Futter eine wichtige, natürliche Nahrungsgrundlage der Tiere, die sicher zum guten Geschmack beiträgt.

Wir schauen uns eine kleine Fischernte und das Besetzen eines Teiches mit Fingerlingen an. Zu unserem Entsetzen sehen wir hier Kinder bei der Arbeit. Omri beruhigt uns. Kibbuz-Kinder müssen arbeiten. Alle. Und das hier macht sicher mehr Spaß als in der Pumpenfabrik zu stehen. Manche zeigen sich in der Schule bewusst ungehorsam, um mit der Arbeit hier „bestraft" zu werden.
Am Rand der Teiche sehen wir unzählige Vögel und Schildkröten. Etliche Gruppen von Eseln streifen umher und halten den Bewuchs kurz. Die Esel hat die Polizei vorbeigebracht. Zumeist handelt es sich um Tiere, die unter elendigen Bedingungen in Basaren vegetierten und die nun hier eine eselwürdige Zuflucht finden.
Unsere letzte Station ist die Brutanlage. Sie liegt gut eine Stunde entfernt am Meer in einer alten Saline. Hier befindet sich auch ein Forschungszentrum, das Fische auf die Tauglichkeit für Farmen testet. 70 Spezies sind es im Moment, die hier Anwärter für Zuchtstämme bilden. Auch das Plankton für die Nahrung der Larven wird hier in lichtdurchfluteten Räumen gezüchtet.

Bio und Zukunft
Bioprodukte erleben einen Boom. Sie sind drauf und dran, das normale Produkt zu verdrängen. So wird Bio zum Normalen. Darin liegt eine Gefahr. Wie bei allem, was zum Massenprodukt wird, weichen die Standards auf und der riesige Bedarf kann nur durch Zugewinn weiterer Produzenten gedeckt werden. Diese sind oft nicht vom Biogedanken beseelt, sondern sehen im neuen Markt nur ein Geschäft. Zweifelhafte Produktionsmethoden schleichen sich ein. Damit bei der neuen Biomassenware die Qualität nicht sinkt, müssen neue Regeln aufgestellt werden ...

Fischfarmen und Futter
Immer noch ist es so, dass Fischfarmen nicht autark arbeiten können. Die einzige Ausnahme ist eine Tilapiafarm. Auch wenn der Anteil an Fischmehl bei den Futterpellets zugunsten pflanzlicher Stoffe stark abgenommen hat, so kann man bei karnivoren Arten nicht darauf verzichten. Das bedeutet, Biomasse wird aus der Natur entnommen. Kann es eine Überlegung sein, Fischfarmen zu entwickeln, die nicht nur Speisefische produzieren, sondern auch die benötigten Futterfische gleich mit? Rotaugen und Rotfedern in nährstoffreichen Teichen für Zander und Hecht. Oder Larven, Insekten und Flohkrebse für Bachforellen ...

DAS GEHEIMNIS LIEGT IM SALZ DER ERDE

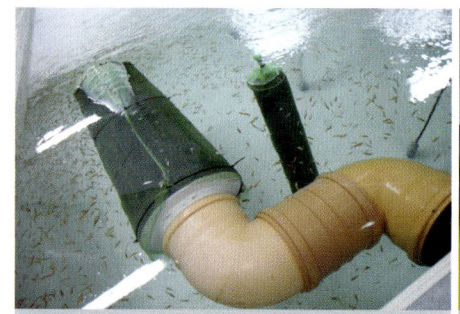

ANNO 5768

Den krönenden Abschluss unseres Aufenthaltes sollte das Neujahrsfest Rosh Hashana bilden. Der jüdische Kalender geht nach dem Mond und nicht nach der Sonne. Daher hat das Jahr manchmal 12, manchmal 13 Monate. Auf jeden Fall schreiben wir nach jüdischer Zeitrechnung das Jahr 5768. Wir malten uns Bilder von in Reigen tanzenden Menschen aus, die sich zu lustiger Musik fröhlich „Schana tova", das ist der jüdische Neujahrswunsch, zurufen und roten Wein des Landes dazu trinken. Nun, der Essenssaal war etwas geschmückt, nicht ganz so kahl wie sonst. Mit Schwalben und Blumen, Symbole des Herbstes, die die Kinder gebastelt hatten. Ein Rabbi sprach Gebete. Alte Lieder erzählten die Geschichte des Volkes Israel. Traditionelle Neujahrsgerichte wurden angeboten, gefillte Fisch, ein Karpfenmus und, siehe da, Tilapia. Aber nicht der gute aus Geva. Der ist zu kostbar. Dieser stammte, billig produziert, aus Asien. Auch ein Gläschen Wein wurde gereicht. Wann geht denn die Party richtig los, fragten wir uns. Gar nicht. Nach dem Essen wurden Reden über die Produktivität von Geva gehalten. Man trank noch Tee oder Saft und ging dann heim. Lippi und ich hatten zum Glück noch ein Fläschchen Wein auf unseren Zimmern, das wir auf den schönen Besuch leerten. „Schana tova!"

Anguillidae (Aale)

Besondere kulinarische Aufmerksamkeit verdienen die aalartigen Fische.

Bis auf die Flussaale sind alle Angehörigen dieser Familie Meerestiere.

Das Fleisch aller Aalarten ist recht fettreich. Vor der Zubereitung muss

den Tieren die Haut abgezogen werden. Hierfür hängt man den Aal

am besten an einem Haken auf, macht einen Schnitt hinter dem Kopf und

zieht die Haut in einem Stück nach unten ab.

DER EUROPÄISCHE AAL
LAT. ANGUILLA ANGUILLA

Der europäische Aal gehört zu den Flussaalen und ist in ganz Europa, Kleinasien und Nordafrika beheimatet. Sein Körper ist langgestreckt, schlangenartig und besitzt einen durchgängigen Flossensaum. Auf der Körperoberseite weist seine dickwandige Haut eine dunkelgrüne bis schwarze Färbung auf, die im Bauchbereich heller, weiß bis gelblich, ausgeprägt ist. Die Weibchen werden mit einer Maximallänge von bis zu anderthalb Metern deutlich größer und schwerer als die Männchen, die nur rund 60 Zentimeter erreichen. Die meiste Zeit ihres Lebens verbringen Aale im Süßwasser. Erst, wenn die Tiere nach fünf bis 18 Lebensjahren geschlechtsreif werden, migrieren sie als sogenannte katadrome Wanderfische zum Ablaichen in den Westatlantik (Sargassosee), wo sie nach der Eiablage sterben. Dem Golfstrom folgend, schwimmen die Aallarven innerhalb von drei Jahren zurück in die europäischen bzw. nordamerikanischen Flüsse. Kulinarisch gehören die Aale mit bis zu 30 Prozent Körperfettanteil zu den Fettfischen. Besonders in Norddeutschland ist ihr Fleisch sehr beliebt und wird meist geräuchert angeboten.

Zu Besuch in Nils Henkels Heimatort

Nils Henkel hat offiziell die Nachfolge als Küchenchef von Dieter Müller in dessen gleichnamigem Restaurant im Schloss Lerbach angetreten. Gerade für Müller-Fans birgt dieser Führungswechsel keinen Grund zur Sorge. Bereits seit Jahren kooperierten beide als Doppelspitze – mehr noch, wie ein Ganzes, das gemeinsam die kulinarischen Kreationen entwickelte. Deshalb ist der Übergang kaum zu spüren, auf jeden Fall nicht in Hinblick auf die Qualität. Eine vergangene Dieter Müller- und eine neue Nils Henkel-Zeit wird es nicht geben. Allen zum Trost bleibt Dieter Müller dem Restaurant als Patron und Qualitätswächter sowie der Kochschule als Lehrmeister erhalten.

Zusammen mit Nils Henkel besuchen wir seinen Heimatort an der Ostseeküste. Hier will er uns eine ganz besondere Aalräucherei zeigen. Das kleine Örtchen Hohwacht hat sich im Laufe der letzten Jahrzehnte vom Fischerdörfchen zum Badeort gewandelt. Nicht so belebt oder mondän wie die unweit liegenden Seebäder Travemünde oder Timmendorf. Hier ist alles einfacher und familiärer. Der Wald zieht sich mancherorts bis dicht an den Strand. Unter großen Bäumen stehen kleine Badehütten.

In dieser Gegend ist Nils aufgewachsen. Ich kenne ihn schon länger und viele seiner Charaktereigenschaften erklären sich plötzlich. Seine Ruhe und Gelassenheit wurde sicher von dieser Landschaft geprägt. Ich frage mich, ob man automatisch Weitblick bekommt, wenn man lange auf die See hinausschaut. Seine feine, filigrane Art erklärt sich, wenn man das Glück hat, seine Eltern kennenzulernen, die hier immer noch leben. Sein Vater, ein Chirurg, und seine Mutter haben ihren Kindern das vermittelt, was man als „aus gutem Hause" bezeichnen würde. Gute Manieren, gepflegte Tischsitten und die Kunst der Konversation.

AAL-
GLATTE
GESCHICHTEN

Karsten Kruse, der Aalräucherer und eigentliche Grund der Reise, kennt Nils aus der Kindheit. So richtig dicke Freunde waren sie nie, aber oft haben die Jungs zusammen gespielt oder Nils hat sich für ein paar Pfennig einen Mini-Aal bei Karstens Vater geholt, der damals die Räucherei betrieb. Dieser Geschmack von damals, eine Erinnerung aus der Kindheit, brachte ihn dazu, Aale von Kruse zu beziehen. Nirgendwo anders hat er Vergleichbares gefunden. Karsten Kruse hat das Geschäft seines Vaters, der eigentlich Maurer war, übernommen. Schlechtwettergeld gab es damals noch nicht und so fing dieser an, Fische zu fangen und sie zu räuchern. Offenbar hatte er Talent, denn immer mehr Leute kamen, um seinen Fisch zu kaufen. Schnell wurde das Räuchern zur Haupteinnahmequelle der Familie und der aufkommende Tourismus half kräftig dabei. Karsten leitet heute das Geschäft zusammen mit seiner Frau Birte, einer geborenen Fischer. Eigentlich schade, dass sie ihren Mädchennamen nicht als Bestandteil eines Doppelnamens behalten hat. Birte betreibt den kleinen Laden und verkauft dort ab 15 Uhr, was ihr Mann zuvor geräuchert hat. Die Fische fängt Kruse nicht mehr selbst, das ist zu unsicher. Man weiß nie, was man fängt und verkaufen kann. Mal ganz davon abgesehen, dass Aale nur in warmen Monaten in die Falle gehen. Selbst von den umliegenden Fischern wird wenig zugekauft, es gibt ja fast keine mehr in der Gegend. Die vermieten heute lieber Strandkörbe oder verkaufen Eis, statt dem Knochenjob Fischerei nachzugehen und mühsam Aalreusen zu setzen. Seine Aale kauft Karsten Kruse auf dem Großmarkt. Es sind lebende Tiere aus dänischen Farmen, also Süßwasser-Aale, die geschmacklich aber kaum vom Salzwasser-Aal zu unterscheiden sind. Zudem sind Wildaale, je nachdem wo sie lebten, sehr unterschiedlich in Qualität und Geschmack. Wichtig ist für Kruse vor allem die Größe: Sein idealer Aal wiegt 400 bis 600, selten über 700 Gramm.

Die Methode des Räucherns ist noch genau dieselbe, die sein Vater einst entwickelt hat. Bis zur Schlachtung werden die Tiere lebend „gehältert", also im Hälter, einem im fließenden Wasser befindlichen, transportablen Behälter, aufbewahrt. Kruse fängt sie zunächst mit dem Kescher, dann werden sie mit Salmiak – früher mit Salz, das ist heute verboten – entschleimt und getötet. Erst danach schlachtet man die Aale, nimmt sie aus und säubert sie. Einen lebenden Aal mit dem Messer zu töten, wäre viel zu gefährlich. Er windet sich mit so großer Kraft, dass Verletzungen nicht ausbleiben.

Aale werden trocken gesalzen. Zwei Stunden muss das Meersalz wirken, bis es wieder abgebürstet und abgewaschen wird. Diese Pause kommt immer recht zum Frühstücken. Salzen ist Erfahrungssache. Aale mit dicker Haut brauchen genau wie größere Exemplare mehr Salz. Wildaale haben oft dünnere Haut und werden milder gesalzen. Auf einem kleinen Kocher dampft ein großer Topf mit Wasser. Darin brüht unser Räuchermeister die Tiere für einige Sekunden ab. Dabei öffnen sich die Bauchlappen. Das sieht schöner aus und der Rauch kann besser eindringen. „Norddeutscher Stil" wird diese Methode genannt. Das Öffnen der Bauchlappen soll auch im Ofen bei großer Starthitze funktionieren.

Das hat Kruse auch schon versucht, da es aber nicht geklappt hat, blieb es bei Papas Methode.

Aufgespießt in Reih und Glied hängt Karsten Kruse die Fische in den Altonaer Ofen, einen Räucherofen der traditionellen Bauart. Schwarz von Holzteer ist das alte Stück, das schon sein Vater genutzt hat. Bei kleinen Mengen wie bei seinen 10.000 Aalen pro Jahr ist das kein Problem. Im Gegensatz dazu sind große Räuchereien verpflichtet, moderne Öfen mit geringerer Rauchgasmenge oder Katalysatoren einzusetzen.

Eine Gasflamme entzündet die unter der Räucherkammer aufgeschichteten Holzscheite. Bei offener Tür und circa 80 Grad Celsius werden die Aale nun getrocknet. Eine zweite Holzladung löscht das Feuer ab. Danach werden die Türen geschlossen. Rauch entsteht. Jetzt liegt es im Geschick des Meisters, die Temperatur und den Rauch durch Zugabe von Spänen und Laub zu steuern. Holz, Späne und Laub sind ausschließlich von der Rotbuche. Das Thermometer zeigt 60 Grad Celsius an. Nach gut drei Stunden läuft klares Fett aus den Aalen und ihre Hautfarbe hat sich in Goldbraun verwandelt. Ein letzter Drucktest zeigt: Die Fische sind fertig. 30 Prozent ihres Gewichts haben sie nun verloren. Sie sind noch ganz weich und schmecken mild und würzig. Filetieren und Häuten kann man die Fische aber erst nach gut einem Tag. Dann sind sie fester geworden und das Raucharoma hat sich intensiviert. Wir nehmen welche mit. Bin schon gespannt, was Nils jetzt daraus macht.

AALE VÄTERLICHEN OFEN

Aal aus Zuchten

Im ursprünglichen Sinn können Aale nicht gezüchtet werden. Sie laichen ausschließlich in der Sargasso See, mitten im Bermuda Dreieck. Wie sie dorthin finden und wo sie lang wandern ist immer noch ein Rätsel. In der Tiefe sehen sie weder Sterne noch Sonne. Vermutlich ist der Erdmagnetismus ihr Führer. Zuchtaale sind immer Wildfänge von jungen Glasaalen, die in Aquakulturen gemästet werden. Über 10.000 Tonnen sind es in Europa. Aber auch Asien hat den Aalmarkt entdeckt. Die Chinesen und Japaner mästen europäische Aale im großen Stil. In Japan werden Gewinne weit jenseits unseres Marktgefüges erwirtschaftet. In China wird bei der Fischmast leider Malachitgrün gegen Parasiten eingesetzt. Die organische Verbindung gilt als gesundheitsgefährdend und ist in der EU verboten. Vorsicht daher bei Billigaalen. Es

AALE IN DER ZUCHT

Eine der wichtigsten Regeln für die Erhaltung eines Ökosystems oder einer Art ist die Nachhaltigkeit. Die Verwendung von Glasaalen ist dies eindeutig nicht, denn die Tiere werden vor ihrer Geschlechtsreife abgefischt. Werden zu viele Aale aus den Gewässern entnommen, bevor sie sich fortpflanzen können, ist der Bestand der Art ernsthaft gefährdet.

könnte undeklarierte Chinaware sein. Sicherheit bieten Aale von renommierten Marken oder vertrauenswürdigen Fischhändlern. Auch als Besatz für Flüsse und Seen werden Glasaale genutzt. Per neuer EU-Verordnung sollen es 60 Prozent der Glasaalfänge sein. Zu wenig, da der Rest der Babyaale direkt in die Küchen wandert. Tonnen von ihnen werden an den Flussmündungen Spaniens, Portugals und Frankreichs gefangen, um im zarten Alter verzehrt zu werden. Vor allem in Spanien ist Glasaal unter dem Namen „Angulas" eine Delikatesse. Eine bedenkliche Praxis bei einem Fisch, über dessen Vermehrung man praktisch nichts weiß. Auf dem Markt wird bereits eine Alternative angeboten, zumindest optisch gesehen: Glasaal-Surimi, in Spanien „Gulas" genannt.

DIE QUAPPE, TRÜSCHE
LAT. LOTA LOTA

Gadidae (Dorschartige)

Die Dorschartigen stellen in Europa einen bedeutenden Teil der kulinarischen Fische. Fast alle Mitglieder dieser über 650 Arten starken Familie von Leckerbissen sind Salzwasserfische wie zum Beispiel Seehecht, Kabeljau, Seelachs oder Schellfisch. Allen Dorschfischen ist gemein, dass sie über ein reinweißes und fettarmes Fleisch verfügen, das aufgrund seines angenehm milden Geschmacks auch in der Convenience-Industrie sehr beliebt ist.

Die Quappe ist der einzige Süßwasserfisch in der Familie der Dorschfische. Sie hat einen langgestreckten Körper von brauner, braun-grauer oder ockergelber Farbe mit dunkler Marmorierung und einen weißlich-grauen Bauch. Sie verfügt über auffällig verlängerte Rücken- und Afterflossen. Ihre Schuppen sind sehr klein und eng mit der Haut verwachsen, sodass die Quappe zunächst nackt erscheint. In heimischen Gewässern erreichen Quappen normalerweise eine Länge von 60 bis 80 Zentimetern und werden zwei bis drei Kilogramm schwer. Ihr Verbreitungsgebiet erstreckt sich über ganz Nordeuropa, vom nördlichen Eismeer über Ostengland bis zum Ural. Da sie hohe Ansprüche an Sauerstoffgehalt und Sauberkeit des Wassers stellt, sind diese Fische ein Indikator für gute Gewässerqualität. Beim Ausnehmen sollte ihre großwüchsige Leber nicht verletzt werden. In Butter gebraten schmeckt die Quappe, ebenso wie ihr Fleisch, besonderes gut.

Stör (lat.: Acipenser)

Der Stör ist der größte Süßwasserfisch der Welt und eine der ältesten Tierarten überhaupt. Vor allem wegen ihres Rogens, dem Kaviar, sind Störe heute weltweit bekannt. Diese Delikatesse ist heute so rar, dass sie allenfalls mit Gold aufgewogen werden kann. Seit 1970 gelten Störe in Deutschland als ausgestorben.

Der westeuropäische Stör sieht seinem sibirischen Verwandten sehr ähnlich. Sein Körper und das schnabelähnliche Maul sind etwas gestreckter als bei seinem osteuropäischen Artgenossen. Die gebuckelten Rückenschilder haben bei Jungtieren einen Dorn. Die meisten Fische erreichen eine Größe von 1,5 bis 2,5 Metern. Sie werden erst sehr spät geschlechtsreif: Männchen nach sieben bis neun und Weibchen nach acht bis 14 Lebensjahren. Im Frühjahr steigt der Stör in die Flüsse auf. Dort laicht er Millionen seiner schwarz-grauen Eier ab. Obwohl er früher auch im Ostatlantik und in der Nord- und Ostsee häufig vorkam, haben die Verschmutzung der Gewässer, die Vernichtung der Laichplätze und die Jagd auf Kaviar und Fleisch die Bestände in West- und Mitteleuropa stark dezimiert. Eine gute Alternative zu Wildfängen ist Stör aus Aquakultur.

DER SIBIRISCHE STÖR
LAT. ACIPENSER BAERII

Wie alle Fische seiner Gattung hat der sibirische Stör einen langgestreckten, spindelförmigen Körperbau. Die drei typischen Erkennungsmerkmale der Störe sind die fünfreihigen Knochenplatten an den Seiten des Körpers, die langgestreckte, asymmetrische Schwanzflosse und das schnabelförmig verlängerte Maul mit den vier Barteln, die die Geschmacksknospen tragen. Störe sind Wanderfische, die zum Ablaichen in die Flüsse strömen. Die Larven bleiben ein Jahr im Süßwasser, bevor sie, wie ihre Eltern, ins Meer abwandern. Der sibirische Stör kann bis zu zwei Meter lang, 100 Kilogramm schwer und 100 Jahre alt werden. Man findet ihn in den sibirischen Strömen zwischen den Flüssen Ob und Kalyma. In Europa lebt er ausschließlich im Pechora-Fluss. Obwohl kein klassischer Kaviarlieferant, sind die Bestände der sibirischen Störe heute so gefährdet, dass er seit 1996 auf der Roten Liste gefährdeter Tierarten zu finden ist.

Geräucherter Stör und Zuchtkaviar vom Sibirischen Stör.

Kaviar lässt sich auch von vielen anderen Fischarten herstellen. Von links nach rechts: Forellenkaviar, Felchenkaviar, Kaviar vom Saibling, Lachskaviar, Seehasenrogen, Tobiko vom fliegenden Fisch, Tobiko mit Wasabi, Vegetarischer Kaviar aus Seetangextrakt.

Wildkaviar

Diese Delikatesse stammt von wilden Störarten, die im Schwarzen und im Kaspischen Meer vorkommen. Nur bei Salzwasser gefangenen Tieren ist die Qualität des Rogens für die Kaviarproduktion geeignet. Steigen die Weibchen zum Ablaichen in die Flüsse auf, macht das Süßwasser den Rogen hart und ungenießbar. Den Weibchen wird sozusagen per Kaiserschnitt der Rogen aus den Eierstöcken entnommen und durch ein Sieb gedrückt. Häutchen und Schalen bleiben dabei im Sieb zurück. Das Endprodukt ist das, was man bei einem Hühnerei als „Dotter" bezeichnen würde. Dann wird der Kaviar noch gesalzen, um ihn haltbarer, etwas fester und dunkler zu machen. Die Qualität und der Marktwert des Kaviars richtet sich nach der Größe der Körnung. Die klassischen Kaviarstöre sind der Waxdick, der Sternhausen und der Hausen. Auch heute noch, da die Wildbestände der Kaviarstöre durch Umweltverschmutzung und die schonungslose Jagd nach dem schwarzen Gold stark dezimiert sind, deckt der Rogen dieser Tiere über 90 Prozent der Kaviarproduktion ab. Zwar stehen die Wildstöre mittlerweile unter dem Schutz der Cites-Konvention

Wildkaviarsorten
Beluga
Diese Kaviarsorte stammt von der Störart Hausen (Huso Huso). Er ist mit maximal 8,5 Metern der Größte unter seinen wilden Artgenossen. Allerdings sind die heute gefangenen Exemplare meist weitaus kleiner. Die Körner des Belugakaviars haben mit bis zu zwei Millimetern einen recht großen Durchmesser. Man erkennt die Dosen an ihrer blauen Deckelfarbe.

Osietra
Der Osietrakaviar kommt vom Gemeinen Stör (Acipenser güldenstädti), der auch Waxdick genannt wird. Die meisten Tiere dieser Art erreichen eine Größe zwischen anderthalb und drei Metern. Die Größe der zartschaligen Kaviarperlen liegt beim Osietra bei circa einem Millimeter. Die Deckelfarbe ist hier gelb.

Sevruga
Die Weibchen der Störart Sternhausen (Acipenser stellatus) tragen diese Delikatesse im Bauch. Die Tiere werden mit maximal 1,4 Metern nicht so groß wie die anderen Wildstörarten. Der Sternhausen lebt im Schwarzen, Kaspischen und im Asowschen Meer. Die Perlen des Sevrugakaviars verbergen sich unter roten Dosendeckeln.

Malossol
Der Zusatz „Malossol" bedeutet „wenig gesalzen". Nachdem die feinen Fischeier kurz nach der Gewinnung durch Siebe gestrichen werden, muss auch noch Salz zu dieser Kostbarkeit zugesetzt werden. Kaviar mit dem Zusatz „Malossol" darf nicht mehr als 3 Prozent Salz enthalten.

(Convention on International Trade in Endangered Species of Wild Fauna and Flora), aber die weitverbreitete Wilderei stellt ein ernsthaftes Problem für die ohnehin stark belasteten Bestände dar.

Zuchtkaviar
Neben dem bekannten Wildkaviar gibt es mittlerweile auch Rogen von Zuchtstören zu kaufen, der allerdings nur einen internationalen Marktanteil von unter 10 Prozent an der Gesamtproduktion ausmacht. Im Gegensatz zu den Wildfängen, die nur einmal pro Jahr stattfinden, ist man in der Störzucht das ganze Jahr in der Lage, Kaviar zu „ernten". Daher benötigt man hier auch keine Zusätze von Konservierungsmitteln. Die Qualität von Zuchtkaviar erhöht sich mit neuen Techniken und gewonnenen Erfahrungen sukzessive. Am ehesten lässt sich Kaviar von Kulturstören mit dem Osietra vergleichen. In der Zucht werden meist der Sibirische Stör (Acipenser baerii), der Weiße Stör (Acipenser transmontanus) oder Bastarde aus Beluga und Sterlett eingesetzt.

DER FLUSS- ODER EDELKREBS
LAT. ASTACUS ASTACUS

Prolog

Flusskrebse gehören wie ihre Salzwasserverwandten Hummer und Kaisergranat zu den Astacura, den langschwänzigen Bodenkrebsen. Die meisten von ihnen leben in Nordamerika. Allein 250 Arten sind dort beheimatet. Weitere 50 Arten findet man in Europa und in den Gewässern Australiens. In den meisten Gebieten Afrikas und Asiens fehlen Flusskrebse. Dort sind ursprünglich nur echte Krabben, also Kurzschwanzkrebse, beheimatet.

Viele Flusskrebse sind nacht- und dämmerungsaktiv und führen ein verborgenes Leben zwischen Wurzelwerk und Steinen. Daher bekommt man sie nur selten zu Gesicht. Als Gesundheitspolizei des Wassers verspeisen sie tote oder kranke Fische, Algen, modriges Holz und Laub. Aber einige agilere Arten sind auch in der Lage, gesunde Tiere zu jagen. Vor allem Wasserinsekten und Würmer, aber auch Muscheln, Schnecken, Molche, Frösche und Fische gehören auf ihren Speiseplan. Ihre Beute ergreifen sie mit ihren großen Scheren, zerteilen sie mit den kleinen und führen die Teile danach zum Mund. Auch vor dem Verzehr eines Artgenossen, der durch wachstumsbedingte Häutung ungeschützt ist, scheuen sie nicht zurück. Dies allerdings geschieht nur bei allgemeiner Nahrungsknappheit. Ein stattlicher Krebs wie der Edelkrebs kann 12 Jahre alt werden. Die größten unter ihnen, die in Tasmanien und Neuseeland leben, erreichen ein Gewicht von sechs Kilo. Die kleinste Art, beheimatet in Nordamerika, misst gerade einmal drei Zentimeter. Die erste Zeit seines Lebens hat er zunächst als befruchtetes Ei, dann als Baby geschützt unter dem Schwanz seiner Mutter verbracht.

Die Gesundheitspolizei der Gewässer. Gepanzert wie ein Ritter, aber dennoch ein friedlicher Geselle, der sich von gesammelten Pflanzen, kleinen Schnecken und Insekten ernährt.

Krebse in Mitteleuropa

Flusskrebse waren einst bei uns sehr zahlreich. Sie lebten in fast allen Binnengewässern Mitteleuropas und gehörten zum natürlichen Artenbestand. Dieser setzt sich vornehmlich aus Edelkrebs oder europäischen Flusskrebs (Astacus astacus) zusammen. Ein stattliches Tier von 20 Zentimeter Körpergröße, das zusammenhängende Populationen in allen Flussgewässern bildete.

Der kleine Steinkrebs (Austropotamobius torrentium) besiedelt die Oberläufe der Fließgewässer und Gebirgsseen, in denen sich das nur acht Zentimeter große Tier unter großen Steinen verbirgt.

Eine dritte heimische Krebsart lässt sich lokal begrenzen. Der Dohlenkrebs (Austropotamobius pallipes) bevorzugt langsam fließende Gewässer und kommt nur im Bereich des Schwarzwaldes und der südwestlichen Oberrheinebene vor. Ähnlich wie der Edelkrebs verbirgt sich das 10 Zentimeter lange Tier unter Baumwurzeln und im Uferbereich in Höhlen.

Winfried Langenfeld ist einer der wenigen und mit einem Bestand von über 10.000 Tieren vermutlich einer der größten Edelkrebszüchter in Deutschland. Dennoch – leben kann man von diesem risikoreichen Geschäft nicht. Vor einigen Jahren verlor er seinen gesamten Bestand – 15.000 ausgewachsene Tiere – durch die Krebspest. Die wurde von zwei Kois aus dem Zoofachhandel eingeschleppt, die man ihm in einen seiner Teiche gesetzt hatte. Das machte die mühselige Aufbauarbeit vieler Jahre zunichte. In seinem Zuchttagebuch aus dieser Zeit haben Tränen kreisrunde Tintenpunkte aus der Schrift geformt.

Langenfeld liebt seine Tiere. Und er züchtet nicht, um den Edelkrebs als Speisekrebs zu verkaufen, sondern um ihn als Besatz anzubieten. Golfclubs, Gartenteichbesitzer und Landschaftsgärtner sind seine Kunden. Und so trägt er dazu bei, die letzten Bestände des Edelkrebses zu erhalten.

Beim Besetzen eines Teiches sollte man immer einkalkulieren, dass ein Drittel der Tiere verschwindet. Krebse können mehrere Tage über Land wandern, um sich neue Gewässer zu suchen.

Edelkrebse hat Winfried Langenfeld schon als Kind begeistert in der Prims, einem Nebenfluss der Saar, gefangen. Dort waren die Bedingungen für die gepanzerten Tiere so gut, dass man sie noch in den 1950er Jahren einfach mit der Hand in großen Mengen sammeln konnte. Nie wurde der Bestand dadurch gefährdet. Die Bewohner des Örtchens Hüttersdorf an der Prims waren in der ganzen Region als die Krebser bekannt, weil sie in großen Mengen mit den Tieren handelten. So aufgewachsen und mit einem großen Interesse für die Teichwirtschaft bestückt, war es klar, dass Langenfeld irgendwann zur Krebszucht finden musste. Eine geeignete Teichanlage erwarb er im Naturpark Saar-Hunsrück im Saarland. Dort bereitete er die Teiche für die Krebszucht vor, indem er gemeinsam mit seiner Frau 100 Tonnen Gitterziegel in die Gewässer einbrachte. Diese dienen den Krebsen als Behausung. Dazu hat er mehrere Rundbecken aufgebaut, in denen die Jungtiere leben. Gefüttert wird mit Wasserpest, geraspelten Möhren, Weizen, Bruchmais und Rotaugen. Ein natürlicher Bestand an Spitzschlammschnecken ergänzt die Nahrung ideal, denn für sie haben die Krebse eine echte Vorliebe.

Pellets hingegen werden nicht gerne genommen. Grundsätzlich sind Krebse, die Wasserqualität betreffend, sehr anspruchslos. „Karpfenteichqualität" reicht durchaus. Seinen Teichen führt Langenfeld lediglich Kalk zu, damit der Butterkrebs – so nennt man einen Krebs der sich durch Häutung seines zu eng gewordenen Panzers entledigt hat – seine Chitinrüstung schnell wieder aufbauen kann.

In einem ausgelagerten Teich kann der Züchter mit einer kleinen Sensation aufwarten. Hier leben Edelkrebse und amerikanische Signalkrebse zusammen. Offensichtlich sind seine Amerikaner nicht infiziert. Trotzdem setzen sich die Signalkrebse gegen die Einheimischen durch, denn diese legen nur 150 Eier, bei den Einwanderern sind es 100 mehr. Außerdem paaren sich Signalkrebsmännchen mit Edelkrebsweibchen. Die Eier werden jedoch abgestoßen.

Wollen wir hoffen, dass nicht wieder ein „Tierfreund" einen Zierfisch in die Teiche setzt oder gar einen Krebs aus dem Zoohandel in die Freiheit entlässt und dieser seinen Weg in Langenfelds Edelkrebsrefugium findet.

DER EDELKREBSER

Dieser aktive und aggressive Krebs ist ein „Import"

aus amerikanischen Gewässern.

Leider brachten die Tiere eine Pilzkrankheit

mit nach Europa, die die heimischen

Flusskrebsbestände stark dezimierte.

Der Feind kam aus den eigenen Reihen

Ein amerikanischer Verwandter unserer Krebse, der Kamberkrebs (Orconectes limosus), wurde in der zweiten Hälfte des 19. Jahrhunderts bei uns ausgesetzt. Das kleine, 10 Zentimeter lange Tier mit den auffallend kleinen Scheren verbreitete sich schnell. Mit ihm wanderte die Krebspest ein. Er selbst ist, wie alle amerikanischen Krebsarten, resistent gegen diese Pilzerkrankung. Aber für europäische Arten ist eine Ansteckung tödlich. Bei jeder Häutung und Verletzung setzen die „Amerikaner" die Zoosporen des Schlauchpilzes frei. Die sind in der Lage mittels einer Geißel auf den Krebs, ihren Wirt, zu zuschwimmen. Dabei folgen sie der Duftspur von Enzymen des Krebses. Findet eine Spore einen europäischen Krebs, ist das für ihn der sichere Tod. Dadurch erlebte der Edelkrebs einen dramatischen Rückgang, sodass der stattliche, einst so häufige Krebs heute nur noch sehr selten zu finden und in vielen Gewässern sogar ausgestorben ist. Überlebt haben Nischenpopulationen in abgeschlossenen Teichen und Seen.

Der Steinkrebs am Oberlauf der Flüsse war nicht ganz so stark betroffen, da sich andere Krebsarten nicht so weit in die Bäche vorwagen und eine Ansteckung dadurch vermieden wurde. Sein Problem war eher der zunehmende Verlust seiner Lebensräume durch den Ausbau und die zunehmende Verschmutzung der Gewässer.

Nicht nur farblich, sondern auch geschmacklich ist dieser Süßwasserkrebs eine Attraktion. Heute sind der Nahe und Mittlere Osten sowie die östlichen Teile Europas Hauptzuchtgebiete des Galizierkrebses.

Noch mehr Amis und ein Galizier

Nach und nach wanderten immer mehr amerikanische Arten in unsere Gewässer. Und die Immigrationswelle ist noch nicht beendet. Derzeit breitet sich der Kalikokrebs, der zunächst nur in Baden-Württemberg gefunden wurde, stark aus. Ebenfalls taucht derzeit der rote amerikanische Sumpfkrebs bei uns auf. Dieser „Procambarus clarkii" beherrscht weltweit den Markt an Speisekrebsen. China und die USA produzieren riesige Mengen. Bei uns ist er wahrscheinlich über ausgesetzte Aquarienexemplare eingewandert. Schon heute sind die amerikanischen Arten Kamberkrebs und Signalkrebs überall in Deutschland zu finden.

Ein weiterer Einwanderer stammt dagegen aus Europa: der Galizierkrebs oder Galizische Sumpfkrebs (Astacus leptodactylus). Als Alternative zum Edelkrebs wurde er als Besatz in unsere Gewässer eingesetzt. Obwohl er – als europäische Art – auch nicht gegen die Krebspest resistent ist.

So haben in den Hauptzuchtländern in Osteuropa, der Türkei und dem Iran, Ausbrüche besagter Krankheit zu starken Verlusten geführt. Trotzdem sind die bei uns im Handel und in Restaurants angebotenen Tiere fast ausnahmslos Galizier. Ihre ursprüngliche Heimat Galizien gehört inzwischen teils zu Polen, teils zur Ukraine.

DER GALIZIERKREBS
LEPTODACTYLUS

Down Under

Eingeflogen von den Southern Yabby-Farms gibt es zwei australische Arten, die beide zur Cherax-Gruppe gehören.
Der wunderschöne Yabby (Cherax destructor oder Cherax albidus) ist die am häufigsten gefarmte Krebsart in Australien. Die Tiere erreichen eine Größe von bis zu 20 Zentimetern und sind untereinander recht friedlich. Außerdem pflanzen sie sich überaus schnell fort. Die Weibchen können bis zu dreimal im Jahr 350 Junge hervorbringen. Das macht die Yabbys zu optimalen Farmtieren.

DER YABBY LAT. CHERAX DESTRUCTOR

Dieser wunderschöne, friedliche Krebs wird in Australien häufig gefarmt.

DER MARRON
LAT. CHERAX CAINII

Eine weitere australische Art ist der Marron (Cherax tenuimanus und Cherax cainii). Obwohl der Marron in großen Mengen gefarmt wird, ist nicht allzu viel über seine Lebensweise bekannt. Zwar wurde er bereits 1912 beschrieben, doch nie näher untersucht. Bewiesen ist heute allerdings, dass die Art in zwei genetisch unterscheidbaren Varianten vorkommt, die sich wohl – trotz teilweise überschneidender Lebensräume – kaum untereinander mischen. Daher auch die unterschiedlichen lateinischen Bezeichnungen. Die weit verbreitete Art „Cherax canii" scheint derzeit den selteneren „Cherax tenuimanus" zu verdrängen, sodass letztere vom Aussterben bedroht ist. Die Krebse erreichen ein Alter von 15 Jahren und eine stattliche Größe. Das abgebildete Exemplar misst über 30 Zentimeter und ist damit so groß wie ein kleiner Hummer. Wie der Yabby hat der Marron eine hohe Fleischausbeute, was ihn trotz des höheren Stückpreises nicht teurer macht als andere Arten. Das Farmen gestaltet sich allerdings nicht ganz so einfach, da Kannibalismus vorkommt. Ähnlich wie bei Yabby oder Galizier variiert die Farbe. So kommen auch rein blaue Exemplare vor.

Handeln und Lagern

Edelkrebse wurden in Europa früher in kaum noch vorstellbaren Mengen gefangen und gehandelt. Zwar wurde ihr Geschmack immer schon hoch geschätzt, aber durch die Massenfänge galten sie – ähnlich wie der Lachs – auch als billiger Eiweißlieferant für Knechte, Mägde und einfache Bedienstete. In Ostpreußen erließ man daher ein Gesetz, das dem Adel untersagte, den Bediensteten mehr als dreimal pro Woche eine Krebsspeise aufzutischen. Die Mönche schatzten Edelkrebse wie auch den Karpfen als Festtagsspeise und man weiß, dass die Pariser im 19. Jahrhundert bis zu 10 Millionen Krebse pro Jahr verbrauchten. Heute werden Flusskrebse gekocht und ausgebrochen als Krebsschwänze auf dem Markt angeboten. Vornehmlich galizische Flusskrebse sind auch lebend zu bekommen. Zumeist ist das Flugware aus der Türkei oder dem Iran. Auch die Yabbies und Marrons werden, wie schon erwähnt, aus Australien eingeflogen.

Keine Angst vor Lebendware!

Flusskrebse werden in Styroporkisten mit Kühlelementen transportiert, die eine ideale Lagertemperatur von vier bis sechs Grad Celsius garantieren. Frisch gefangene Flusskrebse können einige Tage

Ein stattliches Tier mit guter Fleischausbeute.

außerhalb des Wassers leben und bleiben bei der richtigen Temperatur auch sehr agil.

Testen Sie, wie munter die Krebse noch sind, indem Sie einige Tiere aus dem Karton heben. Gehen sie in Abwehrstellung, strecken Ihnen also ihre Scheren geöffnet entgegen, sind sie noch topfit. Falls die Möglichkeit besteht, können Flusskrebse natürlich auch in Becken gehältert werden.

Kochen und Ausbrechen

Zum Kochen der Flusskrebse eignen sich gesalzenes Wasser oder ein Fond mit Weißwein und den typischen Suppengemüsen. In einem großen Topf bringt man die Flüssigkeit zum Kochen und gibt die Krebse hinein. Nun verändern sie ihre Farbe ins Rötliche. Dieser Vorgang wird, wie bei allen Krebsen, durch das Astraxanthin, ein Molekül mit vier Sauerstoffatomen, hervorgerufen. Es befindet sich bei lebenden Krebsen gebunden an Eiweiße in der Schale und spaltet sich beim Kochen ab. Erst dann entwickelt es seine eigene rote Farbe.

Ein Krebs mittlerer Größe ist nach sechs Minuten gar. Sofort nach dem Abkochen sollten die Krebse in Eiswasser abgeschreckt werden, um ein Nachgaren zu vermeiden. Bei großen Krebsen wie den Marrons lohnt sich das Ausbrechen der Scheren, die ähnlich wie beim Hummer, ein sehr gutes Fleisch beinhalten. Aber zumeist sind die Krebse so klein, dass die Mühe nicht lohnt und wir uns auf Herausbrechen des Schwanzes beschränken können.

Da die Segmente der Krebspanzer zu scharfen, spitzen Enden auslaufen, sollte man zunächst die Daumen und Zeigefinger zum Schutz mit Heftpflaster bekleben. Dann wird durch eine leichte Drehung der Kopf entfernt und der Schwanzpanzer durch Druck mit Daumen und Zeigefinger vorsichtig gebrochen. Nun können die einzelnen Segmente abgelöst werden.

Der Darm befindet sich an der Oberseite des Schwanzfleisches. Er lässt sich, wie beim Scampi, durch einen feinen Schnitt entlang der Mitte des oberen Fleisches leicht freilegen und entfernen. Der Kopf eignet sich, ausgenommen und gereinigt, hervorragend als Dekoration. Außerdem lassen sich aus der Karkasse gute Saucen gewinnen.

DIE ROSENBERGGARNELE
LAT. MACROBRACHIUM ROSENBERGII

Auffälligstes Erkennungsmerkmal der Rosenberggarnele sind ihre langen, blau gefärbten Scherenarme, sowie die bläuliche Färbung ihres Schwanzstückes. Ursprünglich stammen diese Tiere aus Thailand, sind aber durch anhaltende Aquakulturzucht mittlerweile in ganz Asien weit verbreitet.

Die Rosenberggarnele ist mit einer Größe von bis zu 30 Zentimetern eine der größten Garnelenarten der Welt. Besonders auffällig sind ihre beeindruckend langen, blauen Scherenarme, die bei den Männchen 50 Zentimeter lang werden können. Im Handel bekommt man diese allerdings kaum zu sehen, da sie vor dem Versand meist abgetrennt werden. Als typische Süßwassergarnele lebt sie wild in Flüssen, Seen und im Brackwasser von Flussmündungen. Sie bevorzugt sandige und steinige Flussuntergründe, auf denen sie auch ihre Eier ablegt, die mit der Strömung ins Meer driften. Ursprünglich stammt die Garnele aus Thailand. Weil sie aber sehr leicht in Aquakulturen gezüchtet werden kann, ist sie mittlerweile in ganz Asien, vor allem in Thailand, Indien und Bangladesch, verbreitet. Der transparent-bläuliche Körper der Garnele ist leicht spindelförmig und gedrungen. Sie ernährt sich von Pflanzen, Schnecken, aber auch von Fischen und greift bei Nahrungsknappheit sogar Artgenossen an. Das Fleisch der Rosenberggarnele ist im Geschmack neutral bis mild süßlich. Beim Erhitzen färbt es sich leuchtend rot. Bei uns kommen hauptsächlich die wohlschmeckenden, etwa 10 Zentimeter langen Schwanzstücke auf den Markt.

Die Kurzschwanzkrebse des Süßwassers waren ursprünglich nicht bei uns beheimatet. Vermutlich wurden sie Anfang des 20. Jahrhunderts als Larven im Ballastwasser von Schiffen aus ihrer ursprünglichen Heimat Ostchina bei uns eingeschleppt. Schnell eroberten sie sich den Raum, den Langschwanz-Flusskrebse bei uns in Europa besetzten, und verdrängten diese. Da sie kaum natürliche Feinde hatten, vermehrten sich die Tiere in Europa massenhaft und richteten viel Schaden an. Die nachtaktiven, agilen Tiere sind Allesfresser und greifen auch Fische an, die in Reusen oder Netzen gefangen sind. Außerdem stehen sie in dem Ruf, Nahrungskonkurrenten und Laichfresser unserer heimischen Fische zu sein. Ganz zu schweigen von dem Untergraben von Dämmen und Uferbefestigungen für Wohnhöhlen. Nur die zunehmende Wasserverschmutzung vergangener Jahrzehnte konnte ihre weitere Ausbreitung stoppen. Nun, da die Gewässer wieder sauber sind, befindet sich die Wollhandkrabbe wieder auf dem Vormarsch. In allen größeren Flüssen ist sie häufig anzutreffen. Die Krabbe erreicht eine Panzerbreite von 7,5 Zentimetern. Einschließlich der Beine kann sie 30 Zentimeter messen. Der wollige Bewuchs auf den Scheren macht diese Art unverwechselbar. In China ist die Krabbe eine begehrte Delikatesse. Bei uns wird sie wenig angeboten, obwohl sie sehr gut schmeckt.

Froschschenkel haben bei uns ein recht schlechtes Image, das noch aus einer Zeit kommt, als Zucht und vor allem Zubereitung der Tiere die Grenzen zur Quälerei überschritten. Heute werden aber längst keine lebenden Frösche mehr gequält, um das zarte Fleisch zuzubereiten. So hat es das außergewöhnliche Gericht auch in Deutschland wieder zurück auf die Speisekarten der Spitzenrestaurants geschafft. Köche wie Nils Henkel schätzen vor allem die Zartheit und den leichten Geschmack nach Hühnchen, kombiniert mit artgerechter Aufzucht und Zubereitung.

In Deutschland kommen jedes Jahr etwa 11 Tonnen Froschschenkel auf die Teller, was einem pro-Kopf-Verbrauch von gerade einmal 0,2 Gramm entspricht. Der Vergleich mit rund 150 Millionen Froschschenkeln, die jährlich in Frankreich, dem größten Abnehmer in Europa, verzehrt werden, lässt erkennen, warum Frösche oft auch heute noch als Inbegriff französischer Spitzenküche herhalten müssen.

Man findet Frösche natürlich nicht nur auf französischen und deutschen Tellern, auch in der Schweiz, in Portugal, der Karibik, Afrika und natürlich auch in Asien, wo man so gut wie alles zu essen versucht, werden Froschschenkel angeboten. In Kambodscha geht man sogar noch ein wenig weiter, für die Spezialität „stuffed frog" werden hier ganze Frösche mit gewürztem Schweinehack gefüllt. Doch zurück nach Europa. Seine Erlebnisse, als er während einer Frankreichreise Froschschenkel auf einer Karte entdeckte, schildert Port Culinaire-Autor Evert Kornmayer in seinem Artikel.

„Grenouille fraise!", stand mit Kreide auf der Tafel mit den Empfehlungen des Tages geschrieben. „Wenn das nicht allein ein Grund ist, durch Frankreich zu reisen", freute sich Holger, mit dem ich seit nun bereits einer Woche im Burgund dinierte. Er parkte den Wagen direkt vor dem Eingang des typisch französischen Lokals. „Ich dachte, wir hätten uns auf Chateaubriand geeinigt", reklamierte ich. Das Geknabbere an diesen winzigen Stelzen war für mich keine Alternative zu einem saftigen Stück Rindfleisch mit Sauce Bernaise und knusprigen Pont-Neuf-Kartoffeln.

„Warte ab, du wirst begeistert sein", beschwichtigte er. „Das Restaurant kenne ich zwar nicht, doch sind wir in Burgund. Was kann da schon passieren?"

Ich dachte an die Pizza, die ich mir leichtsinnigerweise vor zwei Tagen in Dijon bestellt hatte, beschloss aber, das Thema „Qualität der italienischen Küche in französischen Restaurants" nicht erneut anzuschneiden.

„Als in den 80ern die Marketing-Kampagne einer Supermarktkette gegen Froschschenkel und Schildkrötensuppe begann, habe ich mit meinem Opa bei Familienfesten zum Entsetzen der restlichen Sippschaft immer Froschschenkel bestellt. Geschmeckt haben die aber immer nur nach Petersilie und Knoblauch. Und hast du nicht den Film gesehen, wo

AUF DEN FROSCH GEKOMMEN
"HERR WIRT, HABEN SE FROSCHSCHENKEL?"
EVERT KORNMAYER

Evert Kornmayer ist Chef des gleichnamigen Buchverlages. Außerdem ist er Autor von Romanen und kulinarischen Büchern, die mehrfach ausgezeichnet wurden. Auch in dem Food-Magazin Port Culinaire schreibt er regelmäßig Kolumnen.

in Indonesien ein Bauer die Frösche lebend über ein Stück rostiges Eisen zog, um sie zu halbieren? Die halben Frösche haben noch gezuckt …", startete ich einen letzen Versuch, ihn doch noch für das Chateaubriand zu gewinnen.

„Jetzt hör' doch mit diesen Ammenmärchen auf. Das war früher schon nicht richtig und ist es heute auch nicht. Frösche werden genauso wie Hühner geköpft. Das ist völlig schmerzlos. Glaub' mir, die Franzosen kennen sich damit aus, schließlich haben sie die Guillotine erfunden", beschwichtigte er mich, als wir das Restaurant betreten.

Da hatte er wohl recht – musste ich zugestehen. Diese Anti-Froschschenkel-Kampagne saß tiefer, als ich glaubte. Wenn ich mich auf Chateaubriand freue, denke ich ja auch nicht an Bolzenschussgeräte und halb betäubte Rinder, die brüllend an einem Bein hängend durch die Schlachterei gezogen werden. Oder daran, dass das Lamm im türkischen Restaurant vermutlich geschächtet wurde oder der Hummer Thermidor angeblich geschrien hat, als man ihn lebendig in das kochende Wasser steckte.

Sämtliche einschlägigen Froschschenkelwitze gingen mir durch den Kopf, als ich in der Speisekarte blätterte – in welcher zu meiner Überraschung nicht ein Froschschenkelgericht erschien. Doch leider auch kein Chateaubriand.

„Sei still jetzt. Nur weil die Burgunder nicht Deutsch sprechen wollen, heißt das noch lange nicht, dass sie es nicht verstehen", zischte Holger und bestellte beim Ober die Tageskarte. „Potage aux grenouilles", „Nymphes à la Aurora", „Mousselines de grenouilles" „Grenouilles au riesling", „Grenouilles en fricassé", „Grenouilles frites" – paniert, „Grenouilles au gratin", „Grenouilles au beurre" – gedämpft, „Beignets de grenouilles", „Grenouilles a l´espagnole" – die Spanier also auch(!), „Sauté de Grenouilles" – mit Tomatensauce, „Grenouilles à la Villeroy", „Grenouilles à la Poulette" – mit weißer Sauce, sowie „Grenouilles sautées a la meunière" – also doch, mit Petersilie und Knoblauch. Die Auswahl beeindruckte, und ich begann zu ahnen, warum die Franzosen von den Engländern „frogs" (Froschfresser) genannt werden. Angesichts solch einer Speisekarte sicher kein Schimpfwort, sondern eine Auszeichnung.

Doch zurück zur Speisekarte, die ich nicht auswendig gelernt habe, sondern gefaltet und eingesteckt. Der Name Nymphen wird auch in hiesigen Restaurants gerne verwendet, um den Kenner zu erfreuen und den Laien in Unwissenheit zu belassen. Man servierte mir die „Nymphen à la Aurora" kalt in einer Paprika-Fischsauce. Die Froschkeulen wurden mit Champignons und Sauce überbacken, worüber geröstete Brotkrümel gestreut wurden. Nur zum Vergleich habe ich dann noch eine Portion mit Petersilie und Knoblauch bestellt. Dabei bestätigte sich, dass man sich erstens an Froschschenkeln satt essen kann und zweitens, frische Froschschenkel zarter sind als Tiefkühlware.

Mein Freund Holger hatte nicht zu viel versprochen – ich war begeistert. Schade nur, dass in Deutschland die Zucht, Jagd und das „Schlachten" von Fröschen verboten sind. Der Import von tiefgefroren Fröschen aus Indonesien oder den USA dagegen ist aber erlaubt. Wer einmal die französische Provinz Vendée bereist hat, mag bei solchen Restriktionen verständnislos den Kopf schütteln. Kermit möge mir verzeihen, doch das wäre für manchen Karpfenteich-Besitzer eine echte Option: mit einer Froschzucht ein Einkommen haben – von den Transporteuren, Händlern, Gastronomen, Köchen, Kellnern und Kochbuchautoren ganz zu schweigen. Zur Zucht würden Bio-Teiche angelegt, in denen auch seltene Pflanzen und Insekten ihr Auskommen hätten. „Esst Frösche – die Störche können nicht irren!"

Dabei ist Frosch nicht gleich Frosch. Neben dem Sammeln von Schnecken und dem Klauen von Nachbars Kirschen war es früher Aufgabe der Kinder, die Gras-, Wasser-, Laub-, Moor-, Spring- und Teichfrösche zu fangen. Doch ist neben den Fertigkeiten der Jagd mit Hand, Armbrust oder Klitschangel auch das Wissen um den unterschiedlichen Geschmack dieser Amphibien verloren gegangen.

„Nach was schmeckt so ein Froschschenkel?", mag mancher fragen. Früher hätte ich geantwortet: „Nach Knoblauch und Petersilie!" Doch werden heute nicht nur in Frankreich, sondern auch in Österreich, Portugal, Italien, der Schweiz und sogar in Deutschland wieder wohlschmeckende Froschschenkel serviert. Und das nicht nur zur Fastenzeit. Denn wie Schnecken sind Frösche eine klassische Fastenspeise – nicht Fisch, nicht Fleisch. Wenngleich sie ein zartes Fleischaroma haben, vergleichbar dem junger Hühn- oder Hähnchen. Gute Restaurants beziehen ihre Froschschenkel wieder aus Frankreich und verzichten auf die Ware aus Asien und Übersee.

„Neulich habe ich in der Zeitung gelesen, dass in Deutschland jährlich etwas über elf Tonnen Froschschenkel konsumiert werden, aber 85 Tonnen Austern – allein aus deutscher Zucht. Letztere isst man sogar lebend", sinnierte Holger beim Digestif.

„Sei bloß still, sonst zieht wieder einer die Latzhose an und demonstriert auch noch gegen die Austernzucht auf Sylt", befürchtete ich.

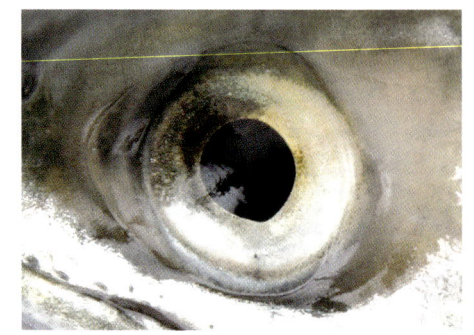

Fischkauf ist Vertrauenssache

Es ist nichts Besonderes mehr, fangfrischen Fisch aus der ganzen Welt zu bekommen. Gut geführte Unternehmen sind in der Lage, Fisch von jedem Ende der Welt in maximal 48 Stunden nach dem Fang bis an die Kühltheke zu liefern. Wie lange er dann dort liegt, ist Sache des Geschäftsinhabers. Jamie Oliver hat deswegen einmal gesagt, dass man sich am besten mit dem Fischhändler anfreunden soll. Es gibt ein paar eindeutige Signale, wie frisch Fisch ist.

Gesamteindruck

Wichtig ist der Gesamteindruck. Wirkt der Fisch prall, farbenfroh und rund wie nach dem Fang oder bloß eingefallen.

Geruch

Frischer Fisch riecht nicht unangenehm nach Fisch. Am besten lässt sich dies an Kiemendeckel oder Bauchhöhle testen.

Augen

Rund, leicht gewölbt und vor allem glänzend sollten sie sein.

Kiemen

Darunter sollten leuchtend rote Kiemenblätter zu sehen sein. Verschleimte oder verfärbte Kiemen sind nicht gerade eine Kaufempfehlung.

Bauchhöhle

Hier zurückgebliebene Blutreste sollten leuchtend rot sein.

Haut

Frischer Fisch hat eine leicht feuchte, glänzende Haut. Je älter der Fisch wird, desto blasser und farbloser wird die Haut.

Filet

Frisches Fischfilet ist glänzend, klar gefärbt und vor allem riecht es nicht unangenehm.

WIE ERKENNEN SIE FRISCHEN FISCH?

IM GANZEN VORBEREITEN

Flossen abschneiden

Dieser Arbeitsschritt sollte in jedem Fall zuerst erfolgen, da bei einigen Fischen wie Zander und Flussbarsch Verletzungsgefahr von den spitzen Flossenstrahlen ausgeht. Halten Sie die Flossen vorsichtig in die Höhe und schneiden Sie diese dann dicht beim Fischkörper ab. Beginnen Sie mit der Rückenflosse und lassen Sie dann die anderen folgen.

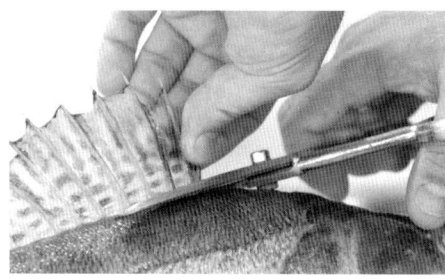

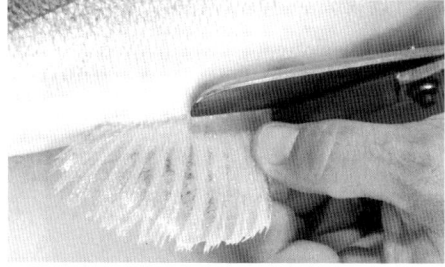

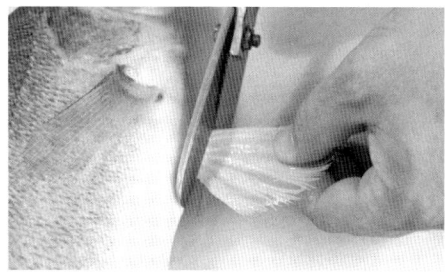

Schuppen

Halten Sie den Fisch mit einem Tuch oder einem Küchenpapier am Schwanzende gut fest. Dann mit einem Messerrücken, einer kleinen Palette oder einem Fischschupper die Schuppen, beginnend beim Schwanz in Richtung Kopf, abschaben. Das gelingt gut unter fließendem Wasser, da dann die Schuppen nicht ganz so weit abspringen.

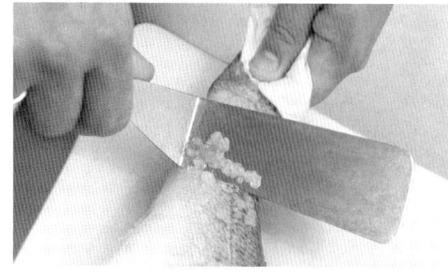

Ausnehmen

Zumeist wird der Fisch, den Sie kaufen, bereits ausgenommen sein. Sollte dies nicht der Fall sein, gehen Sie wie folgt vor: Greifen Sie den Fisch sicher mit einem Tuch oder einem Küchenpapier am hinteren Teil des Rückens. Dann schneiden Sie den Fisch mit einem spitzen Messer vom Körper weg, beginnend beim After bis zum Kopf, auf. Führen Sie das Messer nicht zu tief, damit die Eingeweide nicht verletzt werden. Nun den Fisch etwas aufbiegen und, beginnend beim After, die Eingeweide mit der Hand vorsichtig lösen, nach vorn herausziehen und abschneiden. Jetzt wird die dunkelrote Niere entlang der Mittelgräte in der Bauchhöhle sichtbar. Sie liegt unter einer dünnen Haut. Lösen Sie diese nun mit einem Löffelstiel ab und waschen dann den Fisch gründlich aus. Vorsicht bei der schwarz-grünen Galle. Sie ist deutlich neben der Leber zu erkennen. Sie darf nicht verletzt werden, denn ihre Flüssigkeit ist bitter. Sollte dies trotzdem geschehen, den Fisch sofort gründlich auswaschen. Zuletzt entfernen Sie mit einer Schere die Kiemen, die hinter dem Kiemendeckel verborgen liegen.

Tranchen schneiden

Zum Schneiden von Tranchen oder Scheiben werden die Fische geschuppt, ausgenommen und die Flossen abgetrennt. Dann einfach mit einem kräftigen Messer den Fisch quer in Teile schneiden.

RUNDFISCHE FILETIEREN

Filetieren

Schneiden Sie mit einem scharfen Messer die Filets am Kopf und am Schwanz entlang von oben nach unten bis auf die Mittelgräte ein. Halten Sie den Fisch dann sicher und flach auf dem Schneidebrett. Nun schneiden Sie den Rücken dicht über dem Rückensaum beginnend beim Kopf ein. Führen Sie ein scharfes, flexibles, nicht zu langes Messer dicht über der Mittelgräte entlang und lösen so das Filet ab.

Drehen Sie nun den Fisch um und wiederholen den Vorgang auf der anderen Seite.

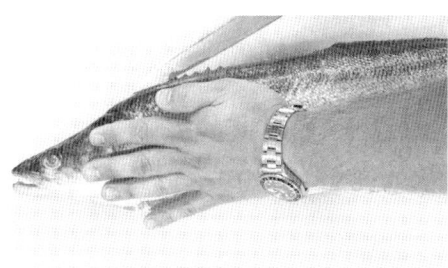

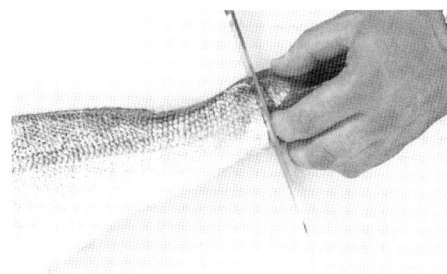

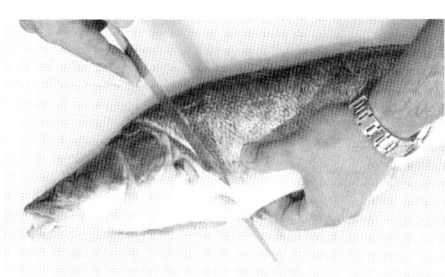

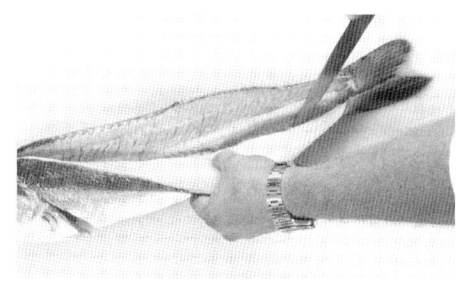

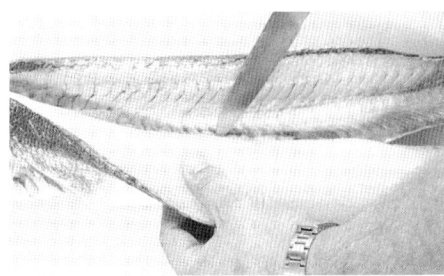

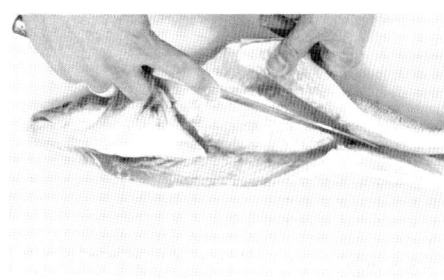

Parieren der Bauchhöhlengräten

Die flachen Gräten der Bauchhöhle am vorderen Teil des Filets mit einem scharfen Messer flach abschälen.

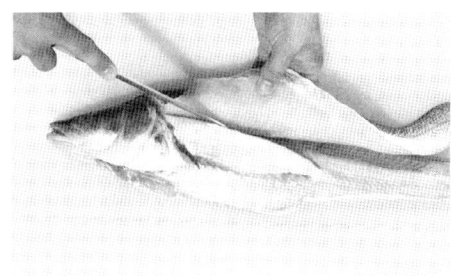

Kopf abtrennen

Zum Abschneiden des Kopfes zunächst mit einem kräftigen Messer den Fisch von beiden Seiten bis auf die Mittelgräte durchschneiden. Unter kräftigem Druck dann die Mittelgräte zerteilen.

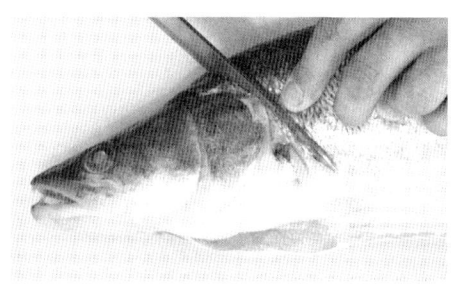

Zweites Filet auslösen

Zum Auslösen des zweiten Filets den Rücken auf der anderen Seite direkt neben der Mitte einschneiden. Nun die Mittelgräte mit dem Schwanz ablösen.

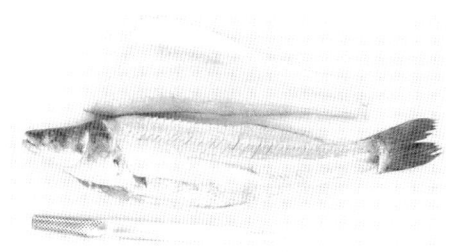

Ziehen von Gräten zwischen oberem und unterem Filetstück
Fahren Sie vorsichtig mit dem Zeigefinger einer Hand den Saum zwischen den Filetstücken ab. Sie spüren dann deutlich die Gräten im Fleisch. Ziehen Sie diese mit einer Zange oder einer Pinzette heraus.

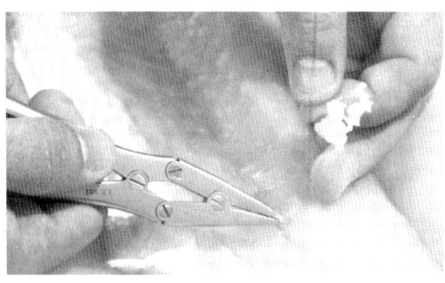

Der V-Schnitt
Eine andere Möglichkeit ist, neben den Gräten rechts und links, einen schrägen Schnitt zu setzen und das so entstandene "V" mit den Gräten auszulösen.

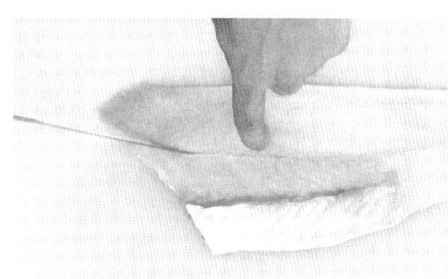

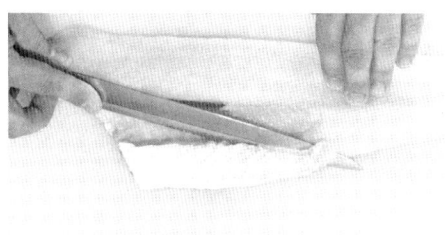

Haut ablösen
Zum Ablösen der Haut das Filet flach auf die Haut legen. Nun am schmalen Ende des Filets ein kleines Stück Fleisch über der Haut abschneiden.
Die überstehende Haut sicher greifen und ein schmales, scharfes Messer in möglichst flachem Winkel zwischen Haut und Filet in Richtung Kopfende führen.

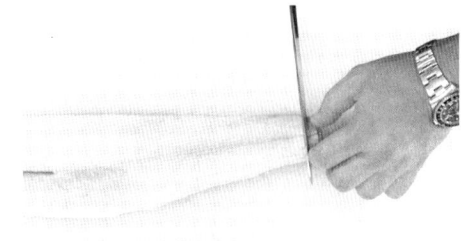

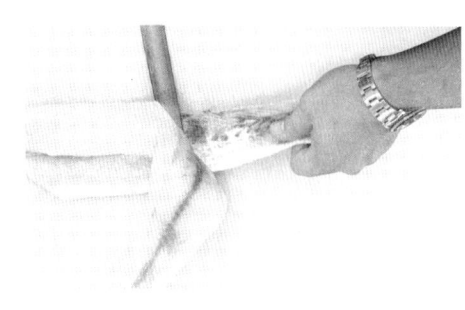

Suche nach Fischbäckchen
Bei den meisten Fischen sind die kleinen Bäckchen eine Delikatesse. Man kann sie mit einem kleinen Messer leicht herauslösen.

Haut abziehen
Ein Aal oder ähnlicher Fisch wird zum Enthäuten zunächst hinter dem Kopf rundum eingeschnitten, dann mit einer Schlinge aufgehängt oder am Tisch befestigt. Jetzt kann man die Haut mit einem Tuch greifen und abstreifen. Sollte der Fisch zu schleimig sein, lässt sich das mit grobem Meersalz ändern. Dafür den Aal mit dem Salz einpudern, einige Minuten einwirken lassen, und das Salz mit dem Schleim abstreifen. Anschließend den Fisch noch einmal gründlich abwaschen.

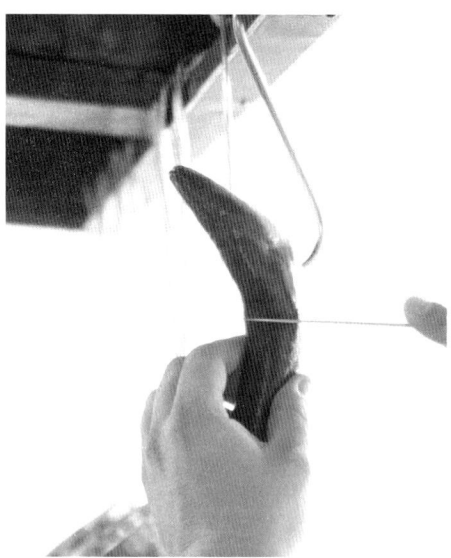

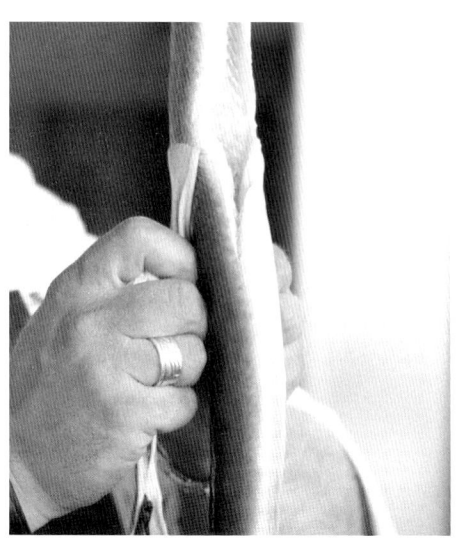

HANDLING-TIPPS FÜR KRUSTENTIERE

Frische erkennen

Weil sich bei vielen Krustentieren direkt nach dem Tod der Magen-Darm-Trakt zersetzt und das empfindliche Fleisch so sehr schnell verdirbt, sollten sie nur lebend gekauft werden. Verdorbene Krustentiere haben ein weiches, leicht grünliches, und vor allem sehr übel riechendes Fleisch. Ein solches Tier sollten Sie auf keinen Fall kaufen.

Um besonders frische Krustentiere zu erkennen, kann man einen Reflextest machen. Bei Berührung ziehen Krebse den Schwanz reflexartig ein, je schneller und agiler diese Reaktion ist, desto frischer das Tier.

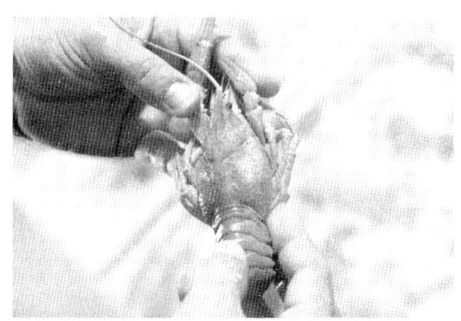

Kochen und Ausbrechen von Flusskrebsen

Zum Garen werden Flusskrebse kopfüber lebend in kochendes Salzwasser oder eine Court Bouillon gegeben. Die Garzeit beträgt, abhängig von der Größe der Tiere, vier bis fünf Minuten. Nach dem Kochen werden die Tiere unter kaltem Wasser abgeschreckt und dann aus ihrem Panzer gebrochen. Dabei sollte man auf die teilweise sehr spitzen Stacheln achten. Zuerst den Kopf vom Körper abdrehen, dann den Schwanzpanzer mit Fingerspitzengefühl zwischen Daumen und Zeigefinger zusammendrücken bis er bricht. Dann kann der Panzer von der Unterseite her aufgeklappt werden. Bei sehr großen Flusskrebsen lohnt es sich, auch die Scheren aufzubrechen.

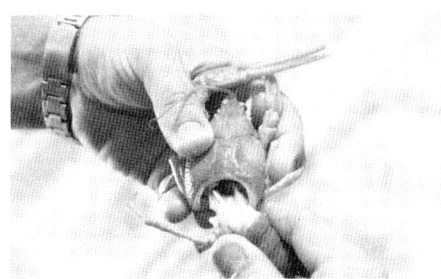

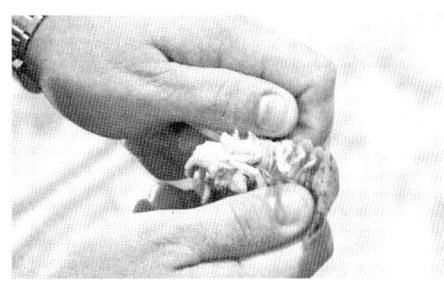

Ziehen des Darms

Nach dem Ausbrechen muss unbedingt der Darm entfernt werden. Er verläuft vom Kopf entlang der Körpermitte bis zur Schwanzflosse. In Deutschland dürfen, anders als in Frankreich, nur toten Tieren die Därme gezogen werden. Um den Darm zu entfernen, macht man einen flachen Schnitzt auf der Oberseite des Krebsschwanzes und legt so den Darm frei. Mit einem Tourniermesser können Sie durch diese Öffnung den dunkel gefärbten Darm herausziehen.

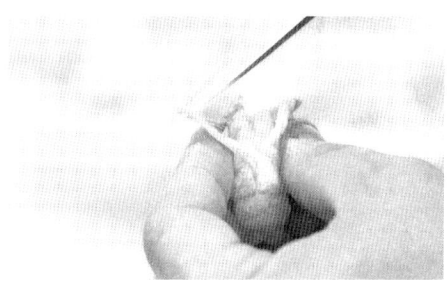

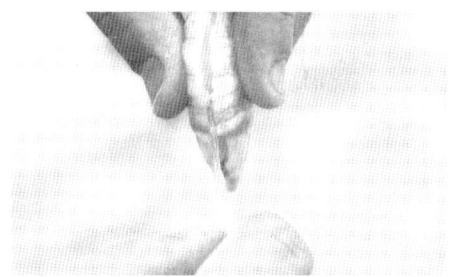

140

GRUNDKOCHKURS

Eine Einführung in die Grundlagen der Fischzubereitung mit Patrick Jabs.

PATRICK JABS

Nach seiner Kochausbildung im Schloss Hugenpoet und anschließenden Lehrjahren bei Heinz Winkler und in Dieter Kaufmanns Restaurant „Traube" kam Patrick Jabs 1998 zurück in seine Heimat – das Ruhrgebiet. Fünf Jahre arbeitete er im Casino Zollverein, bevor er sich mit dem eigenen Restaurant einen großen Traum erfüllte. Patrick arbeitete als Chef de Cuisine im Szene-Restaurant Bliss in Essen. Die Food-Szene wurde in letzter Zeit vermehrt auf ihn aufmerksam. Nicht zuletzt aus diesem Grund war er einer der Gastgeber des "Molekular"-Workshops von Ralf Bos. Am meisten gelernt habe er während seiner Lehrzeit bei 2-Sterne-Koch Dieter Kaufmann im Restaurant „Traube". Aber auch die Zeiten bei Heinz Winkler oder im Casino Zollverein haben deutliche Genuss-Spuren hinterlassen. Sein vielseitiges Wissen stellt er nun in seinem Restaurant ganz in den Dienst des Gastes. Im Englischen bedeutet Bliss übrigens so viel wie Wonne, Glückseligkeit oder Entzücken.

www.bliss-essen.de

Backen

Vor allem für ganze Fische ist das Backen im Ofen eine hervorragende Garmethode. Dazu sollten die Fische gut vorbereitet, also ausgenommen, geschuppt und gesäubert, sein. Idealerweise entfernt man auch die Kiemen und alle Flossen bis auf die Schwanzflosse.

Vor dem Backen den Fisch mit Öl oder Butter einstreichen und ganz nach Geschmack mit Kräutern, Knoblauch und Gemüse füllen. Während des Garens schützt die Haut das empfindliche Fleisch vor dem Austrocknen. Regelmäßiges Übergießen mit Bratflüssigkeit macht es schön saftig. Bei großen Fischen für ein gleichmäßiges Backergebnis die Haut mehrfach einschneiden.

Garen in Folie oder Pergamentpapier

Eine leichte Alternative zum Backen mit Öl oder Butter stellt diese Variante dar. Der Fisch wird mit Gewürzen und Kräutern in einen Bratschlauch, in Alufolie oder Backpapier gegeben, zugebunden und bei Temperaturen um 180 Grad Celsius gegart.

Wenn Sie Pergamentpapier verwenden möchten, fetten Sie das Papier gut mit Butter ein und legen Sie den Fisch mit den weiteren Zutaten darauf. Das Ganze dann zu einem Päckchen verschnüren. So kann der entstehende Dampf nicht entweichen und der Fisch wird ohne Aromaverlust gleichmäßig gegart. Die Garflüssigkeit sammelt sich in der Unterlage und bietet sich hervorragend als Sauce zum fertigen Fisch an.

Paperbark – Grillen in Baumrinde

Das Garen in Paperbarks, australischen Baumrinden, stammt von den Aborigines. Die dafür benötigten Rinden bekommt man wie Backpapier auch in Bögen und kann sie genauso verwenden. Der ganze, gewürzte Fisch wird zusammen mit Kräutern und Gemüsen in den Paperbark eingewickelt, verschnürt und so gegrillt oder im Ofen gegart. Sollte die Rinde dabei leicht anbrennen, schadet das überhaupt nicht. Im Gegenteil, es verleiht ein angenehmes Raucharoma. Durch die Hitze verschmilzt die Rinde mit der Haut des Fisches, der dadurch nach dem Auspacken nicht mehr gehäutet werden muss. Natürlich lassen sich auf diese Weise auch Fischfilets sehr gut zubereiten.

Backen in Salzkruste

Große, fleischige Fische wie Zander oder Lachs lassen sich ideal in einer Salzkruste zubereiten. Die Kruste schützt den Fisch, sodass er immer zart und saftig bleibt und einen feinen Salzgeschmack annimmt. Unbedingt ausprobieren!

Fisch in Salzkruste

1   ganzer Fisch
Rosmarin, Thymian, Petersilie
Knoblauchzehen
3 kg   grobes Meersalz
3   Eiweiß
etwas Wasser

Backofen auf 200 °C vorheizen. Den ausgenommenen Fisch gründlich waschen und trocken tupfen. Kräuter waschen und trocknen. Knoblauchzehen mit einem Messer andrücken, nicht schälen. Den Fisch in der Bauchhöhle salzen und pfeffern, dann die Kräuter und den Knoblauch in die Bauchhöhle füllen. Für die Salzkruste das Meersalz mit Eiweiß und evtl. etwas Wasser vermischen und ca. 3 Minuten rühren. Ein Backblech mit Backpapier auslegen. Knapp die Hälfte der Salzmasse der Form und Größe des Fisches entsprechend verteilen. Den gefüllten Fisch auf das Salzbett legen, die restliche Salzmasse auf dem Fisch verteilen, sodass er gleichmäßig bedeckt ist. Im vorgeheizten Backofen ca. 35 Minuten garen. Die Salzkruste vorsichtig öffnen. Den Fisch filetieren und ohne Haut servieren. Darauf achten, dass das Fischfleisch nicht mit der abgeschlagenen Salzkruste in Berührung kommt! Als Beilage eignen sich kleine Kartoffeln, die Sie in der Schale im Salzbett mitgaren können.

Tipp: Zur Herstellung einer Salzkruste verwenden Sie entweder grobkörniges, unraffiniertes Meersalz oder herkömmliches Steinsalz.

Zander in Salzkruste

1   Zander (etwa 3 kg)
5 kg   feuchtes Meersalz
10   Eiweiß
Rosmarin, Koriander, Estragon

Den Fisch gut waschen und die Flossen entfernen, jedoch nicht schuppen! Die Schuppen dienen als Schutz vor Versalzung. Den Fisch mit den Kräutern füllen. Die Eiweiße mit dem Salz vermengen und ein Drittel des Salzes als Bett vorbereiten. Dann den Fisch auf das Salzbett geben und mit dem restlichen Salz gut einpacken. Bei 160 °C braucht der Fisch 1,5 Stunden im Backofen.

ZANDER IN SALZKRUSTE

Teigmantel

Gerade Fischfilets eignen sich hervorragend, um im Teig gebacken zu werden. Die Hülle schützt den empfindlichen Fisch vor zu großer Hitze und sorgt dafür, dass er schön saftig bleibt. Entweder werden die Filets hierfür einfach nur gewürzt, mit Pesto oder anderen Mischungen bestrichen oder sogar gefüllt. Den Ideen sind hier keine Grenzen gesetzt. Welche Zubereitungsart man auch wählt, im Teig können sich die Aromen komplett entfalten und der Fisch wird nicht trocken. Der Teig selbst kann gut als Beilage gereicht werden, weil auch er viel von dem Aroma des Fisches und der Gewürze aufnimmt. Wenn es mal etwas Besonderes sein soll, kann man aus dem Teig zum Beispiel einen Fisch formen. Das schmeckt nicht nur gut, sondern sieht auch toll aus.

Blätterteig-Fischfilet mit Trockenfrüchten

1 Fischfilet
süße Sojasauce
Dim-Sum-Sauce
Trockenfrüchte (Pfirsich, Ananas, Aprikose)
frische Ingwerscheiben
Koriander
1 kg Blätterteig
1 Eigelb zum Bestreichen
Salz und Pfeffer

Das Filet enthäuten, von beiden Seiten kräftig salzen, mild pfeffern und mit süßer Sojasauce beizen. Trockenfrüchte, Ingwerscheiben und Koriander auf dem Filet verteilen und mit Dim-Sum-Sauce beträufeln. Den Blätterteig ausrollen und auf ein Backblech legen. Das Filet auflegen und gut mit dem Blätterteig umhüllen.

Für eine Fischform wird der Teig in zwei Stücke geteilt und aufeinandergelegt. Das eine Stück ist für den Boden, das andere für die Oberseite. Aus diesen Teilen grob die gewünschte Fischform ausschneiden, die um einige Zentimeter größer sein sollte, als das Fischfilet. Die erste Teigschicht auf das Backblech legen und das Filet darauf setzen. Mit der zweiten Teigschicht bedecken und an das Fischfilet drücken. Die Ränder fest zusammenpressen und dann die eigentliche Form gestalten. Der Rand sollte etwa 2–2,5 cm stark sein. Aus den übrigen Teigstücken lassen sich Flossen, Kiemen und Augen formen. Durch Einpressen mit einem kleinen Löffel können die Seiten mit Schuppen verziert werden. Die Teigränder und -flächen mit verquirltem Ei bestreichen und das Ganze eine Stunde kalt stellen. Den Ofen zusammen mit einem leeren Backblech auf 200 °C vorheizen. Dann den Fisch im Teigmantel vorsichtig auf das heiße Backblech setzen und etwa 40 Minuten garen.

Variationen

Fisch im Teigmantel schafft durch unterschiedlichste Auflagen und Füllungen immer wieder neue Genusswelten. Verwenden Sie eine würzige Kräuterauflage

FISCH IN BLÄTTERTEIG

anstelle der Aprikosen-Ingwer-Butter oder probieren Sie den Fisch pur, einfach nur gewürzt.

Aus Teig lassen sich auch sehr gut Rollen zubereiten. Für eine Lachs-Pesto-Rolle wird ein Lachsfilet längs in ca. 1 cm dicke Scheiben geschnitten, gesalzen, gepfeffert, mit gehacktem Basilikum und Petersilie bestreut und mit Limettensaft beträufelt. Dann wird das Filet auf eine ausgerollte Blätterteigplatte gelegt und eingerollt. Etwa 3 cm dicke Scheiben dieser Rolle werden auf Backpapier bei 200 °C etwa 20 Minuten gebacken.

Welcher Teig eignet sich?
Blätter-, Pasteten- und Strudelteige eignen sich am besten. Man kann sie natürlich selbst herstellen, aber vor allem bei Strudel- und Blätterteig ist das eine sehr aufwändige Angelegenheit. Deswegen kann man hier guten Gewissens auf Ware aus dem Kühlregal zurückgreifen. Einfacher zuzubereiten ist dagegen der Pastetenteig.

Pastetenteig
375 g   Mehl
165 g   Butter
5 EL   Wasser
1 große Messerspitze Salz

Das Mehl in eine Backschüssel geben und in der Mitte eine kleine Mulde formen. Die kalte Butter zerteilen und mit Wasser und Salz in der Mulde nach und nach mit dem Mehl zu einem geschmeidigen Teig kneten. Aus dem Teig eine Kugel formen, in ein feuchtes Tuch wickeln und vor der Weiterverarbeitung 1 Stunde im Kühlschrank ruhen lassen.

Braten

Das Braten ist die gängigste Zubereitungsart für Fisch und das aus gutem Grund. Die hohen Temperaturen in der Pfanne sorgen dafür, dass die äußere Eiweißschicht des Fisches schnell gerinnt und sich so die Oberfläche schließt. Damit der Fisch schön saftig bleibt, sollte er gewendet werden, wenn er leicht braun wird. Um zu verhindern, dass der Fisch beim Braten austrocknet, kann man ihn mehlieren. Klassischerweise wird der Fisch dazu in Mehl gewendet und in Butterschmalz angebraten. Das Mehl sorgt dafür, dass der Fisch schön knusprig und braun wird. Vor allem Forellen werden so gerne zubereitet. Auch für Fischfilets empfiehlt sich das Mehlieren.

Braten auf Backpapier

Man kann auch kalorienbewusst braten. Eine sehr einfach Methode, absolut fettarm zu braten, ist die mit Backpapier. Dazu wird in eine Pfanne mit Öl ein Stück Backpapier gelegt, auf dem der Fisch gebraten wird. Gewürze und Aromaten werden beim Braten hinzugefügt.

Schmoren

Geschmorter Fisch wird zunächst gewürzt und dann in der Pfanne rundherum angebraten. Anschließend werden Aromaten wie Gemüse, Zwiebeln, Kräuter oder Knoblauch direkt in die Pfanne gegeben. Geschmorte Gerichte bekommen dadurch einen besonders intensiven Geschmack. Danach wird der Fisch mit Brühe, Wein oder Fond im geschlossenen Topf weitergegart. Vor allem festfleischige Fische wie Zander oder Pangasius sind ideal zum Schmoren geeignet.

À la Plancha

Für diese Art zu grillen wird der küchenfertige, aber nicht geschuppte Fisch innen und außen mit Meersalz eingerieben und danach mit einer Marinade aus Olivenöl und Kräutern wie etwa Koriander und Knoblauch bestrichen. Auf einer ebenfalls mit der Marinade bepinselten Grillplatte wird der Fisch bei starker Hitze für kurze Zeit angegrillt.

Saibling à la Plancha in Vadouvan-Sesamkruste mit mariniertem Ingwer

200 g	weißer Sesam, frisch geröstet
1 TL	Vadouvan
1 TL	Mumbay-Curry
1 TL	geröstete und zerstoßene Paradieskörner
2	schöne Filetmittelstücke à 200 g
100 g	marinierter, eingelegter Ingwer

Die Gewürze mit dem Sesam vermengen, den Fisch würzen und von allen Seiten in die Gewürze drücken. Danach auf der Grillplatte von allen Seiten ca. 5–10 Sekunden anbraten, danach kalt stellen. Den abgekühlten Fisch in ca. 2 x 2 cm dicke Stücke schneiden und mit dem Ingwer kalt servieren.

FORELLE „BLAU"

Dämpfen

Beim Dämpfen wird der Fisch mit einem speziellen Aufsatz nur durch Dampf gegart und kommt nicht direkt mit Wasser in Berührung. Bei dieser schonendsten und gesündesten Zubereitungsart bleiben alle Vitamine und Mineralstoffe erhalten. Vor allem besonders zarte Fische oder Filets sollten so gegart werden, weil sie, etwa beim Wenden, nicht zerstört werden können. Besonders dekorativ lässt sich Fisch, auch zusammen mit Aromaten und Gemüse, in den schönen asiatischen Bambuskörbchen dämpfen.

Dünsten

Eine ebenfalls sehr schonende Garmethode, wobei der Fisch hier aber in Flüssigkeit gegart wird, sodass sich die Aromen gut verteilen können. Aus dem entstehenden Fond lässt sich eine ideale Sauce zubereiten. Gedünstet wird am besten bei etwa 100 °C in einer Form mit Deckel, sodass der Fisch vom Dampf und Sud gleichermaßen gegart wird.

Pochieren

Der ausgenommene und gesäuberte Fisch wird ungehäutet in einem Fond gegart, allerdings ohne ihn zu kochen. Am besten eignet sich diese Methode für ganze Fische ohne Flossen und Kiemen. Bei kleineren Fischen wird der Fond vorgeheizt, größere werden zusammen mit dem Sud langsam erhitzt. Unbedingt sollte man beachten, dass der Fond den Fisch immer komplett bedeckt und auf keinen Fall kocht. Die Garzeit beträgt bei einer Seezunge etwa fünf Minuten, bei großen Fischen natürlich entsprechend länger. Ob ein Fisch gar ist, erkennt man gut, wenn man versucht eine Gräte aus dem Flossensaum zu ziehen. Lässt sie sich leicht entfernen, ist der Fisch gar. Als Pochierflüssigkeit verwendet man gut gesalzenen Fischfond oder Court Bouillon.

Blaukochen

Die bekannteste Variante des Pochierens ist das Blaukochen. Anders, als der Name vermuten lässt, werden die Fische hierbei nicht gekocht, sondern in einem Sud schonend pochiert. Vor allem Forellen, Saiblinge, aber auch junge Hechte, Karpfen und Welse eignen sich hervorragend zum Blaukochen. Ihren Namen hat diese Garmethode, weil die den Fisch umgebende Schleimschicht sich beim Pochieren bläulich verfärbt. Dieser Effekt ist umso stärker, je weniger man den Fisch vor dem Pochieren berührt hat. Zusätzlich lässt sich die Färbung durch Zugabe von ein wenig Essig verstärken. Blaugekochter Fisch ist frisch, wenn er sich leicht zusammenzieht. Platzt die Haut des Fisches leicht auf, ist auch das ein Zeichen von Frische.

Court Bouillon

500 ml Weißwein
500 ml Wasser
1 EL Essig
1/2 Lauchstange (nur der weiße Teil)
1 mittelgroße Möhre
1 Selleriestange
1/2 Zwiebel
6 Nelken
1 EL schwarze Pfefferkörner
1 Thymianzweig
1 Lorbeerblatt
Meersalz

Alle Zutaten in einem Topf kochen bis alle Gemüse gar sind und ihr Aroma abgegeben haben. Danach passieren und Gemüse und Gewürze entfernen.

Suppen

Die Zubereitung von Suppen gehört neben dem Rösten und Grillen zu den ursprünglichsten Garmethoden. Die Erfindung feuerfester Behältnisse machte den Weg frei, alles, was an Essbarem zur Verfügung stand, in ein Wasserbad zu geben und darin gar zu kochen. Aus dieser ursprünglichen Zubereitungsart ist mit der Zeit eine sehr feine Küche erwachsen. Der Fischsuppenklassiker ist die Bouillabaisse.

Fischsuppen-Grundrezept

Gemüse (Möhren, Lauch, Sellerie)
Schalotten
Butter
ca. 200 ml Weißwein
Salz, Pfeffer
Fisch im Ganzen oder als Filet
Alle außer Salmoniden. Ihr Fleisch und ihre Gräten geben dem Fond eine unerwünschte Farbe und einen mäßigen Geschmack.
Sahne oder Crème fraîche

Das klein gehackte Gemüse und die Schalotten in Butter andünsten und mit Weißwein ablöschen, dann den mit Salz und Pfeffer gewürzten Fisch hinzugeben. Nach dem Dünsten den Fisch herausnehmen. Den Sud durch ein Sieb passieren und bei starker Hitze etwas einkochen. Nach Wunsch mit etwas Weißwein, Sahne oder Crème fraîche verfeinern.

Bouillabaisse von Süßwasserfischen

2 kg Karkassen von Süßwasserfischen (Zander, Hecht, Aal, Rotauge, Flusskrebse und – ganz wichtig – Süßwassergarnele)
2 Zwiebeln
1 Karotte
1 Fenchel
1 Knollensellerie
6 Knoblauchzehen
3 EL Tomatenmark
Safran
Weißwein, Noilly Prat, Pastis
4 l klare Gemüsebrühe
Gewürze (Lorbeer, Nelke, je 3 Körner Pfeffer und Piment)
Kräuter (Koriander, Dill, Estragon, Thymian)

Die Krustentierkarkassen anrösten, dann das zerkleinerte Gemüse dazugeben und mitrösten. Die restlichen Fischkarkassen zugeben und leicht angehen lassen. Tomatenmark, Safran und Gewürze zugeben und mit Weißwein, Noilly Prat und einem Spritzer Pastis ablöschen. Mit der Brühe aufgießen, die Kräuter zugeben und etwa eine Stunde leicht köcheln lassen.

Anschließend abseihen und etwas einkochen. Fischfilets separat schonend garen und in einem tiefen Teller anrichten. Die fertig abgeschmeckte Fischbrühe angießen und mit Croutons servieren.

Frittieren

Viele leckere Kleinigkeiten oder Fingerfood lassen sich mit ein wenig Übung frittieren.

Das Wichtigste beim Frittieren ist das Fett – seine Qualität und seine Temperatur. Das Fett sollte möglichst wenig Wasser enthalten und beim Frittieren die richtige Temperatur haben. Zwischen 160 bis 170 °C ist ideal. Kühlt es unter 140 °C ab, saugt die Panade zuviel Fett auf und wird pappig. Daher ist es wichtig, nicht zu viele Fischstücke gleichzeitig zu frittieren. Frittiert man portionsweise, muss noch beachtet werden, dass das Fett nicht zu heiß wird. Dann wird die Panade braun, bevor der Fisch gar ist. Das Ergebnis wäre dann eine braune Kruste über glasigem Fisch.

Tipp: Die richtige Temperatur erkennt man, wenn man einen Tropfen Teig in das Fett gibt. Bilden sich Bläschen, ist das Fett heiß genug.

Fisch panieren

Den Fisch in Mehl wenden, durch ein verquirltes Eigelb ziehen und mit Paniermehl bepudern. Das Paniermehl kann mit gehackten Nüssen oder Mandeln gemischt werden – so wird's besonders kross, knackig und lecker.

Oder: Ausbacken in Teig

Klassischer Bierteig

250 g	Mehl
200 ml	Bier
2	Eigelb
1 TL	Salz
2	Eiweiß

Alle Zutaten außer Eiweiß zu einem glatten Teig verrühren und diesen etwa 20 Minuten ruhen lassen. Kurz vor Verwendung die nicht zu steif geschlagenen Eiweiße unterheben. So wird der Teig luftig und locker.

Tempurateig – die asiatische Variante

250 g	Reismehl
50 g	Maisstärke
200 ml	kaltes Wasser oder Mineralwasser
2	Eigelb
1 TL	Salz
2	Eiweiß

Den Teig genau wie den Bierteig zubereiten. Tempurateig können Sie aber auch schon fertig im Asialaden kaufen. Zum Frittieren werden die Fischstücke auf eine Gabel gespießt und komplett in den Teig eingetaucht, sodass sie rundum umhüllt sind. Der Fisch sollte unbedingt trocken sein, damit der Teig auch gut hält. Die Fischstücke aus dem Teig heben, abtropfen lassen und sofort frittieren.

Gebackene Fischbonbons

Rezept für 4 Personen

300 g	beliebiges Fischfilet, fein geschnitten
8	kleine Wan Tan-Blätter oder Frühlingsrollenteigblätter
2	Stangen Porree

Kräuter wie z. B. Koriander, Schnittlauch, Dill etc.

1	fein gewürfelte Schalotte
1	Zitrone

Salz, weißer Pfeffer
sehr gutes Olivenöl, nicht zu bitter

Den Fisch zu Tatar verarbeiten, gut mit den Gewürzen und Schalottenwürfeln vermengen und nach Belieben mit Zitrone, Salz und Pfeffer abschmecken. Je einen Teelöffel Fischtartar auf ein Wan Tan-Blatt geben und zu einem Bonbon einrollen. Mit einem feinem Lauchstreifen zusammenbinden und in Öl leicht ausbacken. Mit Sojasauce, Sweet Chilisauce oder Sesamöl servieren.

BONBON VON FISCHFILETS UND AROMATEN

FRITTIEREN

Farce

Ursprünglich wurden Farcen genutzt, um damit Tiere zu füllen, die so voller und größer wirkten. Daher kommt auch der Name. Farce heißt im Französischen so viel wie „einen Streich spielen". Das Essen sah nach mehr aus, als es tatsächlich war. Eine Farce wird heute als Basis für Klöße und Terrinen oder für Rouladen verwendet. Für Fischfarce wird gemixtes Fleisch von nicht zu fetten Fischen mit Sahne und Gewürzen gemischt. Hierfür sind grätenreiche Fische, die bei anderer Zubereitung eher mühsam zu essen sind, geradezu ideal. Das Aroma kommt von den zugegebenen Kräutern und Gemüsen. Der Kreativität sind dabei keine Grenzen gesetzt.

Fischfarce nach Dieter Müller

200 g   Fischfilet
180 g   Sahne
2 cl   trockener Sherry
Saft von 1/2 Zitrone
Salz
Tabasco

Das Fischfilet häuten und die Gräten ziehen. Das Fleisch klein schneiden und mit Salz und einem Spritzer Tabasco würzen. Separat mit der Sahne in das Tiefkühlfach geben und leicht anfrieren lassen. Nach etwa 30 Minuten die Fischmasse in die Küchenmaschine geben und 10–20 Sekunden durchmixen. Zuerst die Hälfte der Sahne zufügen, kurz durchmixen und dann den Rest dazugießen. Alles schnell zu einer glatten, glänzenden Farce verarbeiten. Die Farce durch ein feines Haarsieb streichen, mit Sherry, etwas Zitronensaft und Salz abschmecken.

Von jeder Farce immer vor der weiteren Verarbeitung ein Probeklößchen machen. Dazu mit einem Teelöffel etwas von der Farcemasse abstechen und in siedendem Wasser drei Minuten ziehen lassen. Das Klößchen herausnehmen und durchschneiden. Die Schnittfläche sollte glatt und glänzend sein. Ist das Klößchen zu fest, noch 1–2 Esslöffel Schlagsahne unter die gut gekühlte Farce ziehen. Die Farce kann man nach Wunsch färben, mit gemixten Kräutern (Petersilie, Dill, Sauerampfer) grün, mit Safran gelb und mit ein wenig Rote-Bete-Saft rötlich. Diese Farce ist die Basis für Terrinen, Klößchen und Füllungen. Für Soufflés hebt man geschlagenes Eiweiß und geschlagene Sahne unter die Masse.

Fischfarce

100 g   Fischfilet, fein gewolft (Zander, Hecht oder Saibling)
Salz
100 ml Sahne
Weißwein
Nolly Prat

Grundfarce:
Den gewolfte Fisch im eiskalten Kutter mit ca. 5 g Salz kuttern, bis das Salz das Eiweiß freigibt. Dann langsam die eiskalte Sahne dazu geben bis eine homogene Masse entsteht. Zum Schluss mit einem Schuss Weißwein und etwas Nolly Prat abschmecken.
Die Farce kann, etwa mit Gemüsewürfeln, Crème fraîche und Kräutern, beliebig abgeschmeckt und verfeinert werden. Sie eignet sich für Terrinen, Klößchen oder, mit geschlagenem Eiweiß ergänzt, für ein Soufflé. Beim Garen der Farce sollte die Temperatur 80 °C nicht überschreiten.

Tipp: Für das gute Gelingen einer Farce ist es wichtig, dass die Zutaten richtig durchgekühlt sind, sonst „verbrennt" die Farce bei der hohen Drehzahl der Küchenmaschine und sie verliert ihre Bindung.

Bunte Zanderfarce mit Kaviar von Süßwasserfischen

300 g   Zanderfilet, gewolft
300 g   Sahne
1 Schuss Weißwein (Riesling)
Noilly Prat
je 3 EL feine Karotten-, Lauch und Selleriewürfel (Brunoise)
Salz und weißer Pfeffer
4   Garnelenschwänze
Kerbel
Kaviar von Süßwasserfischen

Aus Zanderfilet und Sahne wie im Fischfarcerezept beschrieben eine homogene Masse herstellen. Weißwein und etwas Noilly Prat zugeben. Die blanchierten Gemüsebrunoise vorsichtig unterheben. Die Farce in gebutterten Stellringen bei 80 °C Wasserdampf abgedeckt 10 Minuten pochieren.
Mit Garnelenschwanz, frittiertem Kerbel und buntem Kaviar von Süßwasserfischen servieren.

Aalklößchen mit Frankfurter Grüner Sauce, Kirschtomaten und Safrankartoffeln nach einer Idee von Dieter Müller

250 g frischer Meeraal ohne Haut
200 g Sahne
2 cl Sherry
1/2 TL Zitronensaft
1 Spritzer Tabasco
Salz

Grüne Sauce:
250 ml Fischfond
150 g Sahne
6 cl trockener Weißwein
15 g Mehlbutter (Butter und Mehl im Verhältnis 1:1 gemischt)
1 Bund Kräutermischung für Frankfurter Grüne Sauce vom Gemüsemarkt
30 g Butter
1/2 TL Zitronensaft
Salz und weißer Pfeffer aus der Mühle

Safrankartoffeln:
24 kleine tournierte Kartoffeln (festkochend)
Salz
1 Msp. Safranpulver
je 1 Rosmarin- und Thymianzweig
12 Strauch-Cherry-Tomaten mit Zweig
Butter
weißer Balsamico

Das Aalfleisch vorsichtig von den Gräten lösen, würfeln und in der Küchenmaschine grob mixen. Sahne und Aalfleisch getrennt voneinander im Kühlfach anfrieren. Dann zuerst das Meeraalfleisch pürieren, dabei aber gleich nach und nach die eiskalte Sahne einlaufen lassen, wodurch eine glänzende, kompakte Farce entsteht. Die Masse durch ein feines Sieb streichen und in einer Schüssel auf Eiswasser kalt halten. Mit Sherry, Zitronensaft, Tabasco und Salz fein abschmecken.
Für die Grüne Sauce Fischfond, Sahne, Weißwein und Mehlbutter etwa 5 Minuten köchelnd reduzieren. Die Kräuter von den Stielen zupfen, kalt abspülen und grob hacken. Einen kleinen Teil als Garnitur aufbewahren, den Rest mit der heißen Fischsauce und Butter im Mixer fein mixen. Die Sauce durch ein feines Sieb passieren, mit Zitrone, Salz und Pfeffer sehr gut abschmecken und warm halten.
Nebenbei die Kartoffeln in siedendem Wasser, abgeschmeckt mit Salz, Safran, Rosmarin, weich kochen. Die Stiele an den Tomaten lassen. Letztere über Kreuz leicht einschneiden, etwa 10 Sekunden in siedendes Wasser geben und gleich in Eiswasser abschrecken. Die Häute bis zum Zweig abziehen und die Tomaten zum Servieren in einer Sauteuse mit wenig Salzwasser und Butter abgedeckt erwärmen. Mit zwei Esslöffeln von der Aalfarce 8 schöne Nocken formen und diese in einem Sud aus Salzwasser, abgeschmeckt mit weißem Balsamico und dem Thymianzweig, etwa 12 Minuten gar ziehen lassen. Kartoffeln, Tomaten und Aalklöße auf heiße Teller platzieren und mit aufgeschäumter Sauce und Kräutern servieren.

Roulade und Tartar vom Saibling

600 g frisches Saiblingfilet
1 Schalotte, in feinste Würfel (Brunoise)
1 TL Pommerysenf
Noilly Prat
sehr gutes Olivenöl
Limettensaft
1 EL gehackter Dill
1 EL gehackter Schnittlauch
1/2 TL gerösteter Sesam
Salz und weißer Pfeffer

200 g Zanderfarce (siehe Seite 156)
1 Noriblatt

Das Saiblingfilet sauber parieren und 1 schönes Mittelstück für die Roulade zurückbehalten.
Die restlichen Filets mit einem scharfen Messer in sehr feine Würfelchen schneiden.
Die Schalottenwürfel mit Senf, 1 Spritzer Noilly Prat, 1 Spritzer Limettensaft, etwas Olivenöl, gehackten Kräutern und Sesam unter die Saiblingswürfel heben. Den Tartar gut mit Salz und weißem Pfeffer abschmecken.
Die Fischfarce auf das Noriblatt streichen, das Saiblingfilet auflegen und das ganze vorsichtig einrollen. Im Wasserdampf bei 80 °C etwa 10 Minuten garen.
Den Tartar mithilfe eines Rings anrichten, die Rolle in Scheiben schneiden und obenauf setzen. Mit frittierten Fischchips servieren.

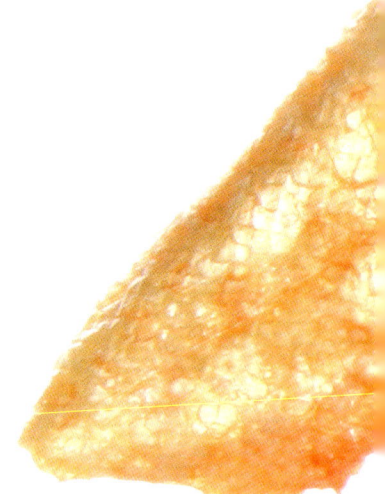

ROULADE
UND TATAR
VOM SAIBLING

GOLDFORELLEN-TERRINE
MIT SÜSSWASSER-GARNELEN

Terrinen und Pasteten

Der Unterschied zwischen Terrinen und Pasteten ist, dass eine Terrine in einer Porzellanform zubereitet und meist auch serviert wird, während eine Pastete im Teigmantel gegart wird. Da der Teigmantel einen Teil der Feuchtigkeit aufsaugt, ist eine Terrine immer etwas saftiger als eine Pastete.

Terrinen und Pasteten gibt es in Frankreich schon seit dem 11. Jahrhundert. Erst im 18. Jahrhundert verbreitete sich die kulinarische Spezialität aus französischen Adelskreisen auch nach Deutschland.

Klassisches Pastetenrezept

500 g	Mehl
4	Eier
50 g	Schmalz
2 EL	Wasser
800 g	Fischfilet
1	Bund gehackte Petersilie
2	fein gehackte Schalotten
1	fein gehackte Knoblauchzehe
2 EL	warme Butter
1/8 l	Brühe
1/8 l	Weißwein
50 g	hauchdünn geschnittener Speck

Pfeffer und Salz

Mehl, 2 Eier, Schmalz und Wasser zu einem trockenen Teig vermengen und einige Stunden ruhen lassen. Die Fischfilets fein zerkleinern (2 schöne, fingerdicke Stücke zurückbehalten), mit den Kräutern, Schalotten und Knoblauch vermischen und mit Salz und Pfeffer würzen. Eier, warme Butter, Brühe und Weißwein unterziehen und alles gut vermischen, bis eine glatte Masse entsteht. Den Teig ausrollen und in einer gut gefetteten Kastenform auslegen. Einen Teil des Teiges für den Deckel zurückbehalten. Nun die Form mit einer Schicht Speck auslegen und darauf eine Hälfte der Fischmasse verteilen. Die beiden zurückbehaltenen Filetstücke mit Speck umwickeln und auf der Fischmasse platzieren. Die Form mit der restlichen Fischmasse auffüllen und mit dem Teigdeckel verschließen. Die Teigränder mit Wasser verkleben. Einige Löcher in den Teigdeckel stechen und alles etwa 1 Stunde bei 200 °C backen. Vor dem Stürzen gut auskühlen lassen.

Fischterrine

Die einzelnen Schichten werden in umgekehrter Reihenfolge in eine Antihaftform gegeben, weil die Terrine ja später gestürzt werden soll. Zuerst mit Tomatensaft gefärbtes Fischgelee einfüllen, dann nacheinander Fischfarce aus Lachs, grüne, vorgekochte Lasagnenudeln, Fischfarce aus Kabeljau mit Staudenselleriestückchen, vorgekochte schwarze Lasagnenudeln, Fischfarce aus Kabeljau mit Spinat und Petersilie, vorgekochte, weiße Lasagnenudeln, Fischfarce aus Kabeljau mit Möhren und Paprikastückchen in die Form schichten. Die gefüllte Form mit Alufolie abdecken und im vorgeheizten Backofen im Wasserbad bei 160 °C etwa 1 Stunde garen. Über Nacht kühl stellen. Danach erst stürzen.

Terrine von Goldforelle mit Süßwasser-Garnele

Rezept für 1 Terrine; 12 Portionen

500 g	Forellenfilet, ohne Haut und Gräten
6	Riesengarnelen 6/8
1 l	kräftiger, klarer Fischfond
10	Blatt Gelatine
2	Karotten
1	Knollensellerie
2	Stangen Lauch

Das Fischfilet in fünf gleich große Stücke portionieren und mit etwas Gemüsebrühe und den Garnelen ca. 10 Minuten bei 75 °C im Ofen pochieren, danach kalt stellen. Die Gelatine in kaltem Wasser einweichen und in dem aufgekochten und abgeschmeckten Fischfond auflösen, danach kalt stellen. Das Gemüse in Brunoise (feine Würfel) schneiden, kurz blanchieren und sofort abschrecken, damit die schöne Farbe nicht verloren geht. Nun schichtet man alles langsam zusammen. Zuerst einige Gemüsewürfel einfüllen, dann das Gelee angießen und kalt werden lassen. Dannach die Garnelen gerade einsetzten, rundherum das Gemüse schichten und wieder den Fond angießen und kalt stellen. Nun die Filets einsetzten, wieder Gemüse außen herum verteilen und mit dem restlichen Fond aufgießen. Einen Tag im Kühlschrank durchziehen lassen.

Salzen oder Pökeln

Ursprünglich ist das Salzen oder Pökeln eine Konservierungsmethode, die im 14. Jahrhundert von Fischern entwickelt wurde, die ihre Fänge auch in weiter entfernten Orten verkaufen wollten. Heute wird der Begriff Pökeln nur noch für Fleisch verwendet, Fisch dagegen wird gesalzen. Je nach Salzgehalt ist gesalzener Fisch mehr oder weniger lange haltbar. Bei einem Salzgehalt bis zu 6 Prozent gelten Fische als vorgesalzen. Mildgesalzen heißen sie bei einem Gehalt von 6–20 Prozent, bei einem Salzgehalt von über 20 Prozent bezeichnet man die Fische oder Fischteile dann als hartgesalzen.

Wie beim Räuchern gibt es auch hier das Nass- und das Trockensalzen, also einerseits das Einreiben mit Salz- oder Salz-Gewürz-Mischungen und andererseits das Einlegen in Lake. Gesalzener Fisch sollte nicht süßlich oder tranig schmecken, auch sollte der Eigengeschmack und -geruch des Fisches erhalten bleiben. Der bekannteste gesalzene Fisch ist bei uns der Matjes.

Wie wird Graved Lachs zubereitet

Um Lachse zu konservieren, entwickelte man in Skandinavien ein Verfahren, das wir als Graved Lachs kennen. Der Fisch wird durch Einsalzen und Wasserentzug haltbar gemacht. Das geht recht einfach. Man reibt ein nicht gehäutetes Lachsfilet mit Salz, Zucker, Dill, Pfeffer und weiteren Aromaten nach Belieben ein. Aquavit, Wodka oder auch Cognac, Zitrusfrüchte und weitere Gewürze wie Basilikum passen ebenfalls sehr gut. Den eingeriebenen Fisch wickelt man in Klarsichtfolie und gibt ihn mit der Haut nach unten in eine Form und beschwert die gewürzte Seite, was die Entwässerung unterstützt. So wird der Lachs mindestens 48 Stunden im Kühlschrank gelagert und dabei mehrmals gewendet. Je länger man den Fisch lagert und je mehr Salz verwandt wird, desto mehr Wasser wird entzogen und desto haltbarer wird der Fisch.

Lachsbeize

Rezept für 1 kg Lachsmittelstück

1 EL	Zucker
4 EL	Fleur de Sel
2 TL	schwarzer Pfeffer, grob zerstoßen
3 EL	weißer Balsamico
4 EL	milder Senf
1 EL	Zitronensaft
2 Bund	Dill
2 cl	Aquavit

Marinieren oder Beizen

Marinieren oder Beizen kann man Fisch wie auch Fleisch mit Kräuter- und Gewürzmischungen in sauren Flüssigkeiten wie Essig, Zitronensaft, Wein oder Buttermilch. Die Säure stoppt die Bakterienvermehrung und zersetzt das Bindegewebe und gart so den Fisch.

Gewürzbeize für Lachs und andere Fische nach Dieter Müller

300 g	Meersalz
200 g	brauner Zucker
8 g	schwarzer Pfeffer
8 g	Senfkörner
2	Nelken
6 g	Pimentkörner
5 g	Thymian
10 g	Fenchelsamen
2	Lorbeerblätter
8 g	Wacholderbeeren
10 g	Sternanis
8 g	Korianderkörner

Alle Zutaten in einer Küchenmaschine kurz mixen. Bei der Weiterverarbeitung das Lachsfilet beidseitig würzen, in Klarsichtfolie einschlagen und etwa 1/2 Tag im Kühlschrank marinieren lassen. Danach kalt abspülen und den Gewürzlachs weiterverarbeiten. Die Gewürzmischung kann im verschlossenen Glas gut noch länger aufbewahrt und nochmals verwendet werden.

Saibling, roh mariniert

1	frischer Saibling à 800 g
	sehr gutes Olivenöl
	Fleur de Sel
	Saft von 1 Limette
1	Orange
1	Fenchel
	einige Korianderblätter

Den Saibling filieren, die Gräten entfernen und in feine Tranchen schneiden. Danach mit Olivenöl, Salz und dem Limettensaft einreiben. Mit Orangenfilets und fein geschnittenem Fenchel garnieren. Korianderblätter bringen noch mehr Frische. Ein ideales und leichtes Gericht für heiße Tage.

Marinade zum Einlegen
Rezept für ganze, kleinere Fische oder Filets in Portionsgröße, für etwa 800 g Fisch

100 g	Fenchel
60 g	Schalotten
1/2 l	Wasser
70 ml	weißer Balsamico
60 ml	Olivenöl
1/2 l	trockener Weißwein (Sauvignon)
1	großes Lorbeerblatt
je 1 TL	Senf, Pfefferkörner und Wacholderbeeren
1	angedrückte Knoblauchzehe
	etwas glatte Petersilie
20 g	Fleur de Sel

Fenchel und Schalotten in kleine Würfelchen schneiden. Flüssigkeiten und Gewürze in einen Topf geben, Fenchel- und Schalottenwürfel dazugeben. Den Sud aufkochen, bis die Fenchelwürfel gar sind. Die Fische oder Fischfilets in eine Form mit hohem Rand geben und den Sud heiß darüber gießen. Anschließend langsam abkühlen lassen, mit Folie abdecken und mindestens 10 Stunden im Kühlschrank ziehen lassen.

Rollmops von der Bachforelle mit Stilmussalat
für 4 Personen

4	Bachforellen à 300 g, filiert und entgrätet
je 1	Karotte, Fenchel, Lauchgrün, in feine Juliennestreifen geschnitten
8	lange Holzspieße

Saure Marinade:

400 ml	Fischfond
300 ml	Essig
200 ml	Geflügelbrühe
3 EL	Honig
2	Loorbeerblätter
2	Wacholderbeeren
2	Pimentkörner
4	weiße Pfefferkörner
2	Nelken

Alle Zutaten für die Marinade etwa 10 Minuten köcheln lassen.

Die Forellenfilets mit den Gemüsejulienne füllen, zusammenrollen und mit einem in Wasser eingeweichten Holzspieß fixieren. In der heißen Marinade von allen Seiten etwa 3 Minuten pochieren. Anschießend abgedeckt im Kühlschrank 1 Tag ziehen lassen. Nach 12 Stunden wenden.

MARINIEREN

Grillen

Jedes Jahr errät man den Beginn des Frühjahrs am unverkennbaren Grillgeruch, der durch die Gärten und Parks zieht. Will man Fisch grillen, sollte man darauf achten, dass das Grillgut nicht zu heiß ist. Deshalb für genügend Abstand zur Glut sorgen. Dabei gilt: je dicker der Fisch, desto größer der Abstand zur Glut. So gart der Fisch sanft und schonend in milder Hitze. Eine gute Idee ist es, Fisch in Alufolie zu grillen. Dann können Kräuter und Gewürze direkt in der Folie mitgegrillt werden. Ebenfalls gut zum Grillen eignen sich Spieße, wofür die Fischstücke vorher mariniert und je nach Geschmack kombiniert werden können.

Grillspieß vom Barsch

Für die Marinade klein gehackte, grüne und rote Paprikastückchen, Knoblauch, etwas Dill, Petersilie und einen Spritzer Zitronensaft mit Olivenöl mischen. Barschfilet in gleich große Stücke schneiden und einige Stunden marinieren. Die Fischstücke ca. 1,5 Stunden in der Marinade im Kühlschrank ruhen lassen. Die marinierten Stücke im Wechsel mit Paprika und Zucchini auf Spieße stecken. An den Enden als Abschluss je ein Stück Gurke aufspießen. Mit Olivenöl bepinseln, salzen, pfeffern und mit Paprikapulver bestreuen.

Steckerlfisch

Der Name dieser Spezialität kommt vom bayerischen Wort für Stock (Steckerl). Vor allem im deutschsprachigen Alpenraum ist dieser an einem Stock gegrillte Fisch sehr beliebt. Es eignen sich Fische wie Renke, Forelle, Saibling oder Makrele, die zunächst ausgenommen und mariniert werden und dann der Länge nach auf gewässerte Holzspieße gesteckt werden. Die Fische werden am besten neben der Glut gegrillt. Bestreicht man den Fisch während des Grillens mit Marinade oder Butter, wird die Haut besonders knusprig. Gegessen wird der Steckerlfisch direkt vom Stock oder auf einem Teller serviert. Dazu ein frisches Bier und die Brotzeit ist perfekt.

FISCHFILET VOM GRILL

Tipp: Das Wenden ganzer Fische oder zarter Fischfilets gestaltet sich beim Grillen oft schwierig, da das Fleisch leicht kleben bleibt und dann zerfällt. Drahtkörbe als Grillhilfen sind hier sehr nützlich. Für Grillspieße verwenden Sie am besten flache oder je zwei runde Holzspieße, dann kann das Grillgut beim Wenden nicht verdrehen.

Fischfilet in Alufolie auf dem Grill
für 4 Personen
Butter
Olivenöl
4 Fischfilets à 150 g
Limonensaft
Weißwein
1 in Ringe geschnittene Schalotte
4 Knoblauchzehen
4 Lorbeerblätter
Fenchel
Thymian
Gemüse (Fenchel, Paprika, Zucchini, Möhren), in feine Julienne geschnitten
Pfeffer, Salz

Pro Stück Fisch etwas Alufolie auf einer Seite mit Butter und Olivenöl bepinseln, darauf das gesalzene und gepfefferte Fischfilet legen und mit etwas Limonensaft und Weißwein beträufeln. Die Schalottenringe auf den Filets verteilen und zusammen mit Knoblauch, Lorbeerblatt, Fenchel, Thymian und dem Gemüse gut in der Folie verpacken. Abhängig von der Grillhitze etwa neun bis 15 Minuten garen.

Räuchern

Das Räuchern ist sicher eine der ältesten Konservierungsmethoden, die die Menschen entwickelt haben. Dabei werden Sägespäne zum Glimmen gebracht, sodass ihr Rauch über längere Zeit dem Räuchergut die Feuchtigkeit entzieht und ihre Wärme es dabei langsam gart. Fisch wird dabei mit einer antibakteriellen Harz- und Rußschicht umgeben und so konserviert. Natürlich ist dieser Rauch gesundheitlich völlig unbedenklich. Um Fische auch zuhause Räuchern zu können, braucht man nicht unbedingt gleich einen eigenen Räucherofen. Es genügen ein alter Topf und ein Kuchenrost. Auf den Topfboden wird etwas Räuchermehl oder eine Räuchermehl-Gewürzmischung gestreut. Das Kuchengitter kommt mit ein paar Zentimetern Abstand darüber. Der Fisch wird auf das Gitter gelegt – bei Filets mit der Hautseite nach unten. Dann wird der fest verschlossene Topf auf dem Herd so erhitzt, dass das Räuchermehl verkohlt. So wird das Räuchergut dann 10–12 Minuten geräuchert. Die Temperatur sollte bei 80–90 Grad Celcius liegen. Bei höheren Temperaturen können Haut und Flossen verglühen. Nach dem Räuchern den Topf vom Herd nehmen und mit geschlossenem Deckel abkühlen lassen. Dabei bekommt der Fisch seine tolle Räucherfärbung und wird vom Aroma durchzogen.

Die Fische vorbereiten

Die Fische müssen zum Räuchern unbedingt sauber ausgenommen und die Kiemen entfernt sein, da diese den Fisch sonst sehr unappetitlich verfärben. Dann wird der Fisch entweder nass oder trocken gesalzen. Bei der Trockensalzung wird der Fisch außen und innen mit Salz eingerieben und vor dem Räuchern 1 1/2 Stunden kühl gelagert. Allerdings führt die Nasssalzung meist zu besseren Ergebnissen. Dazu wird der Fisch am besten über Nacht in einer Salzlake eingelegt (20 prozentig, also 200 g Salz in 1 l Wasser). Damit das Salz gut einziehen kann, sollte der Fisch komplett von der Lake bedeckt sein. Mit zusätzlichen Gewürzen oder einem Gewürz-Salz-Sud kann der Fisch hierbei zudem aromatisiert werden. Zum Räuchern muss der Fisch dann wieder getrocknet sein.

Der Räuchervorgang

Hierbei gibt es zwei Methoden: das Heiß- und das Kalträuchern. Beim Heißräuchern liegt die Temperatur bei etwa 80 °C, beim Kalträuchern dagegen bei nur etwa 30 °C. Entsprechend unterschiedlich sind auch die Garzeiten. Kalträuchern dauert einige Tage, Heißräuchern nur wenige Minuten. Für beide Verfahren nutzt man sogenanntes „Räuchermehl", Holzspäne von Buche, Eiche, Erle oder Esche. Man kann es fertig kaufen und mit Kräutern wie Rosmarin oder Estragon aromatisieren.

Räucherlachs

Geräucherter Lachs ist das Lieblingsprodukt vieler Gourmets. Klassisch wird der Lachs, als Filet enthäutet und entgrätet, kalt geräuchert. In der Fischmanufaktur von „Deutsche See" wird Lachs auch mit dem speziellen Reiberauchverfahren geräuchert. Bei Reiberauch werden keine Holzspäne verbrannt, sondern ein Kantholz aus Hickory oder Walnuss mittels einer Scheibe, die am Stamm reibt, zum Glimmen gebracht. Der so entstehende Rauch ist besonders mild und ideal für feine Ware.

Hot Boards

Diese Holzbretter zum Grillen sind meist aus australischen Eukalyptusbäumen gefertigt. „Down under" ist diese Zubereitungsmethode weit verbreitet.
Das Hot Board muss vor Gebrauch ca. drei Stunden in kaltes Wasser gelegt werden. Das ist einerseits wichtig für die gewünschte Rauchentwicklung und andererseits, damit das Holz sich nicht verbiegt oder splittert. Dann wird das Hot Board auf eine vorgeheizte Grill- oder Teppanyakiplatte gesetzt.
Bei dem hier abgebildeten Rezept haben wir für eine schonende Zubereitung zunächst einige Zucchinischeiben auf das Hotboard gelegt, dazu einige Kräuterstiele und darauf dann den Fisch. Das Gargut wird dann mit einem Topf oder einem geschlossenen Deckel abgedeckt und gegart. Nach einigen Minuten entsteht Rauch, der dem Fisch zusätzlich ein tolles Aroma verleiht. Nach etwa 20 Minuten ist das Gericht fertig.
Alternativ kann man die Hot Boards auch im nicht vorgeheizten Ofen stark erhitzen.

Am Tisch kann dann in dünne Scheiben oder Streifen geschnittenes Gargut mit Hilfe der Restwärme garen.

HOT BOARDS

Übrigens kann man die Hotboards je nach Verkohlungszustand zwei- bis dreimal verwenden.

CHRISTIAN BAU

„Die größte Kunst des Kochens liegt darin, Traditionelles mit Neuem zu verbinden", mit diesem Satz beschreibt Christian Bau seine Art zu kochen. Neben Talent und Fleiß sind Leidenschaft und Liebe zum Produkt Christian Baus herausragenden Eigenschaften.

Geboren 1971 in Offenburg, absolvierte er von 1987 bis 1990 seine Ausbildung und kochte danach unter anderem im Hotel Restaurant Talmühle in Sasbachwalden und im Restaurant Le Canard in Offenburg. Danach arbeitete er von 1993 bis März 1998 als Sous-Chef bei Harald Wohlfahrt im Restaurant Schwarzwaldstube. Vor allem hier, seiner wichtigsten Station, hat er viel für seine weitere Karriere gelernt. Noch heute ist Harald Wohlfahrt für ihn der „Chef" und beide verbindet eine ehrliche Freundschaft. Seit April 1998 ist Christian Bau Küchenchef und Gastgeber auf Schloss Berg in Perl-Nennig. In den mittlerweile zehn Jahren hat sich seine Küche von den Einflüssen seines damaligen Meisters Wohlfahrt entfernt. Heute ist er selbst Großmeister einer klaren, ideenreichen und filigranen produktorientierten Küche. Bau war „Kreativster Koch Deutschlands", Deutschlands jüngster Drei-Sterne-Koch, und er gehört sicher zu den besten Küchenmeistern, die wir haben. Zusammen mit seiner Frau Yildiz führt er das Victor's Gourmet Restaurant und das kleine, aber umso feinere Schlosshotel. Zusammen gelang es den beiden, das idyllische Mosel-Örtchen Perl-Nennig als ein Mekka für Gourmettouristen aus der ganzen Welt auf den Landkarten aller großen Gourmetführer zu etablieren.

www.schlossberg-nennig.de

SAUTÉ VON FROSCHSCHENKELN MIT TOMATE – KNOBLAUCH – PETERSILIE

Zutaten
für 4 Personen

24	frische, große, vollfleischige Froschschenkel
etwas	Mehl
100 g	Champignon de Paris, extraklein
20 ml	Olivenöl
20 g	Butter
1 TL	gehackte Petersilie
Salz, Pfeffer	

Petersilienjus:
- 250 g gezupfte Petersilie
- 200 ml Geflügelfond
- 50 g Butter
- Salz, Pfeffer

Petersilienpüree:
- 300 g krause Petersilie, geputzt
- 2 EL geschlagene Sahne
- 1 EL braune Butter
- Zucker, Salz, Pfeffer, Muskat
- etwas Knoblauchöl

Suppe:
- 3 grob gewürfelte Schalotten
- 3 zerkleinerte Champignons
- 50 g zerkleinerter Staudensellerie
- 50 g Weißes vom Lauch, klein geschnitten
- 100 g Butter
- 50 ml weißer Portwein
- 80 ml Noilly Prat
- 5 Pfefferkörner
- 1 Lorbeerblatt
- 200 ml Geflügelfond
- 150 ml Sahne
- Salz, Cayennepfeffer

Tomatenkompott:
- 1 Schalotte, fein gewürfelt
- 3 EL Olivenöl
- 6 Tomaten, filetiert und in Würfel geschnitten
- 1 TL alter Balsamico
- 1 TL Pesto
- Salz, Pfeffer aus der Mühle, Zucker
- 1 TL schwarze Oliven, in feine Würfel geschnitten
- 1 TL Pinienkerne, geröstet und gehackt
- 1 TL Basilikum, in feine Blättchen geschnitten
- 8 dünne Baguettescheiben
- 8 schöne Parmesanlocken

Knoblauchchips:
- 4 große Knoblauchzehen, geschält und dünn gehobelt
- 4 Sträuße krause Petersilie
- Öl zum Frittieren

Zubereitung

Für die Petersilienjus die gezupfte Petersilie in Salzwasser sehr weich blanchieren und sofort in Eiswasser abschrecken. Trocken tupfen und mit dem Geflügelfond im Küchenmixer fein pürieren. Anschließend durch ein Sieb passieren. Den Fond auf 50 ml reduzieren, die Butter unterziehen und mit Salz und Pfeffer abschmecken.

Für das Petersilienpüree die krause Petersilie in Salzwasser weich blanchieren und in Eiswasser abschrecken. Dann die Petersilie gut ausdrücken, in einem Küchenmixer pürieren und durch ein Sieb streichen. 2 Esslöffel Püree für die Suppe zurückhalten. Das übrige Püree mit der geschlagenen Sahne, der braunen Butter, Salz, Pfeffer, Muskat und Knoblauchöl abschmecken.

Für die Suppe das Gemüse mit 50 g Butter in einem Topf anschwitzen und mit dem Alkohol ablöschen. Pfefferkörner und Lorbeerblatt zugeben und auf ein Drittel reduzieren. Den Geflügelfond und die

Sahne zugeben und 10 Minuten leicht köcheln lassen. Durch ein feines Sieb passieren. 2 Esslöffel Petersilienpüree und die restliche Butter beigeben. Mit einem Stabmixer durchmixen und mit Salz und Cayennepfeffer abschmecken.

Bei den Froschschenkeln die kleinen Waden vom Knochen entfernen. Diese werden später in einer Pfanne mit den geviertelten Mini-Champignons angeschwitzt und als Einlage für die Suppe verwendet.
An den verbliebenen Froschschenkeln den unteren Hüftknochen entfernen, das anhaftende Fleisch vom oberen Knochen herunterziehen, sodass eine „Froschschenkel-Kirsche" entsteht, bei der der Knochen den Stiel darstellen soll. Die gemehlten Froschschenkel in einer Pfanne mit Olivenöl anbraten, mit Salz und Pfeffer würzen, etwas Butter dazu geben und fertig garen. Zum Schluss die gehackte Petersilie zugeben.

Für das Tomatenkompott die Schalottenwürfel in einer Teflonpfanne in Olivenöl anschwitzen. Dann die Tomatenwürfel dazugeben und zu einem Kompott verkochen. Mit Salz, Pfeffer, Zucker, Pesto und Balsamico abschmecken. Kurz vor dem Anrichten Olivenwürfel, Pinienkerne und Basilikumblätter zugeben. Die Baguettescheiben in Olivenöl goldgelb anrösten, das Tomatenkompott darauf verteilen und mit den Parmesanlocken garnieren.

Für die Knoblauchchips den gehobelten Knoblauch in Salzwasser blanchieren, abschrecken und trocken tupfen. Dann in 160 °C heißem Öl, ebenso die Petersilie, kross frittieren.

Die Froschschenkel auf Teller verteilen, Petersilienpüree dazu geben und Jus angießen. Das Tomaten-Baguette dazureichen und die Suppe separat servieren.

DENIS FEIX

Nach seiner Ausbildung im Restaurant Kaisergarten in Neuenrade absolvierte Denis Feix seine Lehrjahre unter anderem im Schlosshotel Lerbach bei Dieter Müller und in Bensberg bei Joachim Wissler. Hier sammelte er Erfahrungen, die seine Gäste heute in seinen kulinarischen Kreationen wieder finden. 2006, fünf Jahre nach seiner Fortbildung zum Küchenmeister, kam Denis Feix als Küchenchef ins COLUMBIA Hotel nach Bad Griesbach. Die Arbeit im Restaurant Il Giardino teilt er sich mit seiner Frau Kathrin, die das Regiment in Gastraum und Weinkeller führt. Das Team scheint hervorragend zu funktionieren, denn schon nach einem Jahr gab es, mit 16 Punkten und 2 Hauben im Gault Millau und, nicht zu vergessen, dem ersten Stern von Michelin, die ersten großen Ehrungen. Denis Feix hat dem COLUMBIA Hotel Bad Griesbach in kürzester Zeit einen festen Platz unter den Gourmettempeln erarbeitet. Damit gehört es zu den 21 Häusern der aktuellen Sternen-Riege. Seine Küche kombiniert regionale und internationale Produkte genauso, wie Althergebrachtes mit neuen Einflüssen. Wir sind sicher, in Zukunft noch viel von Denis Feix zu hören.

www.columbia-hotels.de

Zutaten
für 4 Personen

Blutorangenschalenpüree:
- 4 Blutorangen (für 60 g Schale)
- 50 g Zucker
- 50 ml Wasser
- 20 g Butter

Sauce:
- 50 g Schalotten
- 50 g Champignons
- etwas Traubenkernöl
- etwas Verjus
- Saft von 3 Blutorangen
- etwas Speisestärke
- Salz, Pfeffer
- Muscovadozucker

Blutorangensegmente in der Sauce:
- 1 Blutorange

Mungbohnen:
- 70 g Mungbohnen
- 1 Schalotte
- etwas Rapsöl
- 200 ml Hühnerfond
- etwas Noilly Prat
- Salz, Pfeffer

Hecht:
- 600 g Hechtfilet
- 50 ml Traubenkernöl
- etwas Butter
- Limettensaft
- Maldonsalz, Pfeffer

- 1 EL Schnittlauchröllchen
- 20 g Hechtkaviar

Zubereitung

Für das Orangenschalenpüree die Früchte mit einem Sparschäler schälen, sodass nichts Weißes an der Schale zurückbleibt. Die Schalen dreimal hintereinander immer wieder in frischem Wasser blanchieren. Anschließend aus dem Zucker und dem Wasser einen Läuterzucker kochen und die Orangenschalen darin nochmals garen, abtropfen lassen und mit der Butter zu einem feinen Püree aufmixen.

Für die Sauce die grob geschnittenen Schalotten und die Champignons in dem Traubenkernöl bei milder Hitze anschwitzen. Mit etwas Verjus ablöschen, Orangensaft zugeben und 15 Minuten bei schwacher Hitze köcheln lassen. Mit etwas Speisestärke, die zuvor in kaltem Wasser oder Orangensaft angerührt wurde, abbinden und durch ein feines Sieb passieren. Mit Salz, Pfeffer und Zucker abschmecken und warm halten.

Für die Blutorangenfilets die Orange mit einem sehr scharfen Messer schälen. Es sollen keine weißen Rückstände am Fruchtfleisch verbleiben. Die Filets aus den Zwischenhäuten herauslösen und dritteln. Bis zum Anrichten kalt stellen.

Die Mungbohnen eine Stunde in kaltem Wasser einweichen, Flüssigkeit abgießen und die Bohnen mit der fein gewürfelten Schalotte in Öl anschwitzen. Hühnerfond und Noilly Prat zugeben, mit Salz und Pfeffer würzen und langsam garen. Eventuell etwas Fond nachgeben. Die Bohnen nach dem Garen abgießen und beiseite stellen.

Den Fisch auf Gräten untersuchen und diese gegebenenfalls mit einer Pinzette oder einer Grätenzange ziehen. Das Filet in 4 Portionen schneiden und kurz vor dem Servieren auf der Hautseite in dem Traubenkernöl anbraten, bis eine leichte Garung erkennbar ist. Ein Stück Butter, Limettensaft, Salz und Pfeffer zugeben und den Fisch mehrmals mit dem Sud übergießen. Im vorgeheizten Ofen 5 Minuten bei 60 °C garen.

Zum Anrichten Mungbohnen und Orangenfilets in die Sauce geben, etwas geschnittenen Schnittlauch untermischen und dann vorsichtig als Spiegel auf die Teller gießen. Den gebratenen Fisch obenauf setzen. Mit einem kleinen Löffel Nocken vom Orangenschalenpüree und vom Karviar abstechen und seitlich auf dem Teller dekorieren.

HECHT AUS DER VILS MUNGBOHNEN UND HECHTKAVIAR

NILS HENKEL

Nils Henkel kann, trotz seiner jungen Jahre, auf eine wahre Bilderbuchkarriere zurückblicken. Der gebürtige Kieler hat schon in vielen großen Sterne-Küchen hervorragende Arbeit geleistet – darunter etwa im „Landhaus Scherrer" in Hamburg oder im „Valkenhof" in Coesfeld. Im Restaurant Dieter Müller ist Nils Henkel seit 1997 in verantwortungsvoller Posiiton – zuerst als Sous-Chef, ab Januar 2004 dann als Küchenchef. Vor allem durch großes Talent, enorme Kreativität und Fleiß zeichnet er sich bei der Arbeit aus. Tugenden, die den großen Dieter Müller früh dazu brachten, ihn zu seinem würdigen Nachfolger aufzubauen. Vor allem seine Kreativität und sein Qualitätsstreben sind es, die Dieter Müller an Nils Henkel schätzt. In diesem Jahr ist dann Nils „großer Lebenstraum" in Erfüllung gegangen: Er hat offiziell die Restaurantleitung übernommen. Da beide Spitzenköche schon seit Jahren als eingespieltes Team zusammenarbeiten, wird der Übergang für die Gäste fließend sein. Auf diesem Niveau zu kochen, ist ein echter „Knochenjob". Was Nils Henkel, Dieter Müller und die ganze Crew täglich leisten, ist gewaltig. Nils trifft morgens um 9 Uhr in der Küche ein und geht abends spät in der Nacht nach Hause. Dazwischen entspannt er sich mit Langstreckenläufen. Diese Arbeit mit derartiger Qualität und vor allem Kreativität kann nur leisten, wer sie wirklich liebt.

www.schlosshotel-lerbach.com

Zutaten
für 4 Personen

1	Bachsaibling von etwa 500 g
80 g	Buchenholzmehl
4	trockene Fenchelzweigchen
1 TL	Fenchelsamen
	Salz, Pfeffer aus der Mühle
2 EL	Saiblingskaviar

Kressegelee:
- 250 ml klarer Fischfond
- 250 ml Wasser
- 1/2 Bund Brunnenkresse
- 25 g grob geriebener Meerrettich
- 2 Blatt Gelatine
- 4 g Agar Agar

Sellerieconfit:
- 250 g geschälter Sellerie
- 50 g kalte Butterwürfel
- 10 g Pinienkernöl
- 1 EL geröstete Pinienkerne
- 1 EL geschlagene Sahne
- Salz, Pfeffer

Blattsalatjus:
- 1 kleine Kartoffel
- 1 Schalotte
- 100 ml Riesling
- 200 ml Geflügelfond, hell und kräftig
- 100 ml Sahne
- 1 kleiner Romanasalat
- 1/2 Bund Brunnenkresse
- 1/2 Bund Blattpetersilie
- 1/2 Bund Kerbel
- 2 Estragonzweige
- 50 ml Rapskernöl
- Estragonessig
- Salz, Pfeffer aus der Mühle

Zubereitung

Den Saibling zunächst filetieren, von der Haut befreien und die Gräten mit einer Pinzette entfernen. Anschließend die Saiblingfilets im Räucherofen mit Buchenmehl und Fenchel etwa 20 Minuten kalt räuchern. Danach jeweils halbieren, die Stücke übereinander legen und mit Salz und Pfeffer würzen. So zuerst stramm in Frischhaltefolie und danach in Alufolie einwickeln.

Für das Kressegelee den Fischfond und das Wasser mit geschnittener Kresse und geriebenem Meerrettich aufkochen und 10 Minuten ziehen lassen. Die zuvor eingeweichte Gelatine und Agar Agar hinzufügen. Das Ganze nochmals aufkochen und durch ein feines Sieb auf ein vorgewärmtes Kunststofftablett gleichmäßig ausgießen. Dort zum Gelee abkühlen lassen.

Für das Sellerieconfit den Sellerie zunächst in Würfel schneiden. Die Selleriewürfel im Dampf garen und etwas ausdrücken. Einen Teil des Selleries mit der kalten Butter und dem Pinienkernöl pürieren. Den restlichen Sellerie mit einer Gabel etwas zerdrücken und unter das Püree heben. Das Ganze mit Salz und Pfeffer herzhaft abschmecken.

Für den Blattsalatjus zuerst die Kartoffel und die Schalotte würfeln, in etwas Butter anschwitzen und mit Riesling ablöschen. Den Wein auf die Hälfte einkochen, dann mit Geflügelfond und Sahne auffüllen und noch etwa zehn Minuten köcheln. Inzwischen den Salat, die Kresse und die Blattpetersilie in kochendem Salzwasser blanchieren, in Eiswasser abschrecken und trocken ausdrücken. Anschließend den Kartoffelfond mit den blanchierten Salaten, Kerbel, Estragon und Rapsöl im Mixer fein pürieren und durch ein feines Sieb passieren. Abschließend mit Salz, Pfeffer und Estragonessig abschmecken. Vor dem Anrichten werden die Saiblingrollen in 85 °C heißem Wasser 4 Minuten pochiert, dann 2 Minuten ruhen gelassen. Rouladen anschließend halbieren, aus der Folie nehmen und mit Salz und Pfeffer bestreuen. Zudem mit Kresse, Estragonblättchen und dem zugeschnittenen Gelee belegen. Dem Fisch so noch 1 Minute Oberhitze geben.

Zum Anrichten das Sellerieconfit auf Tellern platzieren und die Sauce angießen. Den Saibling aufsetzen und mit Saiblingskaviar servieren.

MILD GERÄUCHERTER SAIBLING
MIT KRESSEGELEE, BLATTSALATJUS UND SAIBLINGSKAVIAR

Zutaten
für 4 Personen

1	Hohwachter Räucheraal von etwa 500 g

Gâteau:
- 125 g Räucheraalfond
- 2 1/2 Blatt Gelatine
- 50 g geschlagene Sahne
- 70 g gewürfelter Räucheraal
- 130 g Grüner Spargel, gekocht und gewürfelt
- 1 EL gehackter Bronzefenchel
- Salz, Pfeffer, Zitronensaft

Kräuteremulsion:
- 50 g Spinat
- 50 g Brunnenkresse
- 50 g Petersilie
- 100 ml Gemüsefond
- 1 Ei, wachsweich gekocht
- je 20 g Pimpinelle, Kerbel, Süßdolde
- 10 g Estragon
- 60 g Rapsöl, kalt gepresst
- 12 grüne Spargelstangen, blanchiert
- 1 EL Salat-Vinaigrette
- 1 Msp. Paprikapulver
- Salz, Pfeffer aus der Mühle

Garnitur:
- 120 g Gurkenrelish (siehe Rezept)
- 12 Filoteigblätter 5 x 5 cm, knusprig gebacken
- 4 TL Gurken-Wasabi-Sorbet (siehe Rezept)
- 2 TL Tobiko (Wasabi-Kaviar)
- Bronzefenchel

Zubereitung

Den Räucheraal filetieren und in 12 quadratische Stücke schneiden. Das restliche Filet für den Spargel-Gâteau würfeln und aus den Abschnitten und Gräten mit etwas Gemüse einen konzentrierten Fond kochen.

Für die Zubereitung des Gâteau den Räucherfischfond erhitzen und die zuvor eingeweichte Gelatine darin auflösen. Den Fond anschließend auf Eis abkühlen, bis er zu gelieren beginnt. Dann die geschlagene Sahne, die gewürfelten Aalstücke und den blanchierten Spargel unterheben. Das Ganze mit gehacktem Bronzefenchel, Salz, Pfeffer und Zitronensaft abschmecken. Abschließend in einen Rahmen von 15 x 20 cm einfüllen.

Für die Kräuteremulsion Spinat, Brunnenkresse und Petersilie putzen, waschen, für einige Sekunden blanchieren und in Eiswasser abschrecken. Alles gut ausdrücken und zusammen mit dem Gemüsefond, dem gekochten Ei und den restlichen Kräutern im Mixer fein pürieren. Bei laufendem Gerät das Rapsöl nach und nach einarbeiten. Die Emulsion mit Paprikapulver würzen und mit Salz und Pfeffer abschmecken, passieren und kalt stellen.

Zum Anrichten den Spargel-Gâteau in Quadrate von 4 x 4 cm schneiden und nebeneinander auf dem Teller platzieren. Die Spargelstangen mit Vinaigrette, Salz und Pfeffer marinieren und an die Gâteaustücke anlegen. Das Gurkenrelish mit einem Spritzbeutel aufdressieren und dazwischen jeweils einen Löffel Kräuteremulsion auftragen. Die Filoblätter auf die Gâteaustücke setzen und je ein Stück Räucheraal darauf platzieren. In die Mitte eine Nocke Sorbet aufsetzen, mit Tobiko und Bronzefenchel fertig dekorieren.

GÂTEAU VON HOHWACHTER RÄUCHERAAL UND GRÜNEM SPARGEL MIT GURKENRELISH

Gurken-Relish

350 g	Gurkenwürfel, fein geschnitten
100 g	Gurkensaft
20 g	Weißwein, reduziert
20 g	Rapskernöl
10 g	Zitronensaft
1 g	Xanthan (Bindemittel aus Algen)
50 g	eingelegte Senfkörner
1 Msp.	Piment d´Espelette
2 EL	fein gehackter Bronzefenchel

Salz und Pfeffer aus der Mühle

Für das Gurken-Relish die feinen Gurkenwürfel salzen, 30 Minuten ziehen lassen und anschließend in einem Sieb abtropfen lassen. Das Restgewicht beträgt etwa 250 g. Anschließend den frisch gepressten Gurkensaft mit der Weißweinreduktion, Rapskernöl, Zitronensaft und Xanthan aufmixen und mit den Gurkenwürfeln mischen. Die Senfkörner hinzufügen, mit Piment d´Espelette, gehacktem Bronzefenchel, Salz und Pfeffer abschmecken und einige Stunden ziehen lassen.

Gurken-Wasabi-Sorbet

60 g	Wasser
60 g	Glucose
20 g	Zucker
120 g	Crème fraîche
35 g	Honig
8 g	Meerrettich
500 g	Püree von entkernten Gurken

Wasabi
Zitronensaft
Salz, Pfeffer aus der Mühle

Für die Zubereitung des Gurken-Wasabi-Sorbets zunächst Wasser, Glucose und Zucker aufkochen. Anschließend Crème fraîche, Honig und geriebenen Meerrettich zufügen und mit dem Gurkenpüree mixen. Die Mischung mit Wasabi, Zitronensaft, Salz und Pfeffer abschmecken und 15 Minuten ziehen lassen. Die Masse abschließend in einen Pacojet-Becher füllen und gefrieren. Nach Bedarf kann sie im Pacojet aufgemixt werden.

Zutaten
für 4 Personen

100 g	Räucheraalfilet
120 g	Kalbshüfte
2 EL	Olivenöl, Arbequina
1 EL	Brunnenkresse, fein gehackt

Salz und Pfeffer
Limonensaft

4	Roggenbrot-Croûtons, 3 x 9 cm
100 g	Pfifferlinge, klein und geputzt
16	Schnecken, Petit gris, eingemacht
2 EL	Brunnenkressepüree
2 EL	Kalbsjus

Garnitur:
Kresse, Blütenblätter

Zubereitung

Das Räucheraalfilet in vier Stücke von 8 cm Länge schneiden. Die Kalbshüfte für das Tatar sehr fein würfeln und mit Olivenöl, gehackter Brunnenkresse, Salz, Pfeffer und einem Spritzer Limonensaft marinieren.

Das Kalbstatar in einem Rechteckrahmen formen und auf die Roggenbrot-Croûtons platzieren, darauf das Aalfilet legen. Die Pfifferlinge in Olivenöl braten und mit Salz und Pfeffer würzen, die Schnecken im Fond erwärmen. Das Brunnenkressepüree warm als Streifen auf den Räucheraal spritzen, darauf je vier Schnecken platzieren, dazwischen Kresse und Blüten stecken. Die Pfifferlinge außen herum anrichten und die Kalbsjus angießen.

RÄUCHERAAL, KALBSTATAR,
SCHNECKEN, KRESSE,
PFIFFERLINGE

KLEINE TELLERSÜLZE VON ENTENLEBER UND RÄUCHERAAL

Zutaten
für 4 Personen

200 g	Entenstopfleber
300 g	Entenconsommé
2 Blatt	Gelatine

Apfel-Meerrettich-Confit:
150 g	Granny Smith, fein gewürfelt
60 g	grünes Apfelpüree
1 Msp.	Ascorbinsäure
4 g	Zitronensaft
10 g	eingelegte Senfkörner
8 g	frisch geriebener Meerrettich
6 g	Akazienhonig

Salz und Pfeffer

Meerrettich-Perlen:
100 g	klarer Geflügelfond
100 g	Wasser
15 g	grob geriebener Meerrettich
2 EL	fein gehackte Süßdolde
1,5 g	Algin (Natriumalginat)
5 g	Calciumchlorid

80 g	Räucheraal
20	Mousseronpilze
2	Süßdoldenzweige

Zubereitung

Die Entenleber in 5 Scheiben von 5 mm schneiden. Eine Scheibe von beiden Seiten sehr heiß anbraten und dann kalt stellen. Die anderen Scheiben mit einem runden Ausstecher von 4 cm zu Medaillons ausstechen und ebenfalls kalt stellen. Die Abschnitte der Entenleber mit der Entenconsommé einmal aufkochen und dann etwa 2 Stunden ziehen lassen. Die Leber gibt so viel Geschmack an die Consommé ab. Die Consommé erkalten lassen, sodass das Fett fest wird. Dann durch ein feines Nylonsieb gießen. Ergibt etwa 200 ml. Die Entenleber-Consommé erwärmen und mit der eingeweichten Gelatine leicht binden.

Für das Apfel-Meerrettich-Confit die Apfelwürfel unter das Apfelpüree heben und mit den restlichen Zutaten abschmecken. Das Relish etwa 24 Stunden ziehen lassen.

Zur Zubereitung der Meerrettich-Perlen Geflügelfond und Wasser mit geriebenem Meerrettich und fein gehackter Süßdolde mit einem Stabmixer kurz aufmixen. Dann etwa 30 Minuten ziehen lassen und durch ein feines Nylonsieb gießen. Mit Salz abschmecken und das Natriumalginat etwa 2 Minuten einmixen. 2 Stunden kalt stellen. Das Calciumchlorid in 500 ml Wasser auflösen. Den Meerrettichfond in Pipetten füllen und gleichmäßig in das Calciumchlorid-Wasser tropfen. Nach einer Minute die gelierten Meerrettichperlen aus dem Wasser nehmen und in klarem Wasser spülen.

Zum Anrichten die Mousseronpilze kurz anbraten und würzen. Die gebratene Entenleberscheibe und den Räucheraal in Würfel schneiden und mit den Pilzen in tiefe Teller platzieren. Das Entenlebergelee in gerade noch flüssigem Zustand in die Teller gießen, sodass die anderen Komponenten zur Hälfte im Gelee schwimmen. Die gezupften Süßdoldenblätter zufügen und die Teller kühl stellen bis das Gelee fest wird. In der Zwischenzeit die Entenlebermedaillons von beiden Seiten braten und jeweils eine kleine Nocke Apfel-Meerrettich-Confit darauf setzen. Die Leber auf den Tellern platzieren und mit den Meerrettich-Perlen garnieren.

TOMATENSALAT MIT GERÄUCHERTEM AAL

Zutaten
für 4 Personen

150 g   Räucheraalfilet

Aal-Rillettes:
60 g   Räucheraal-Abschnitte
1 EL   Crème double
Salz, Pfeffer und Zitrone
200 ml   Tomatensaft, hell und klar
1 Msp.   Xanthan
Tomatenessig
Salz und Pfeffer
4   kleine Strauchtomaten

Ofentomatengelee:
80 g   Tomatensaft
3 g   vegetarische Gelatine Sosa
50 g   Ofentomaten, fein gewürfelt
2   Basilikumblätter, fein gehackt
Salz und Pfeffer aus der Mühle

Garnitur:
4 EL   Chutney von grünen Tomaten (siehe sep. Rezept)
4   Knusper-Cannelloni aus Filoteig
Passepierre Algen, kurz blanchiert
geröstete Pinienkerne
Basilikumblättchen und -blüten

Zubereitung
Den Räucheraal in schöne Stücke schneiden und die Abschnitte für das Rillettes verwenden. Dafür die Abschnitte fein hacken und mit Crème double, Salz, Pfeffer und Zitronensaft abschmecken. Den klaren Tomatensaft mit Xanthan einige Minuten mixen, sodass eine leichte Bindung entsteht. Mit Tomatenessig, Salz und Pfeffer abschmecken und 24 Stunden ruhen lassen, dann wird der Fond wieder klar.

Von den Strauchtomaten mit einem Kugelausstecher das Kernhaus entfernen und zur Seite stellen. Das Tomatenfleisch in Streifen und Würfel schneiden.
Für das Ofentomatengelee den Tomatensaft mit der vegetarischen Gelatine einmal kräftig aufkochen. Die Tomatenwürfel unterheben, mit Salz, Pfeffer und Basilikum abschmecken und in Silikon-Halbkugelmatten (3 cm) abfüllen, kalt stellen. Die Masse reicht für 15 Halbkugeln. Das Tomatengelee lässt sich am besten sehr kalt aus den Formen lösen.

Auf rechteckige Teller je ein Tomatengelee, ein Stück Aal auf grünem Tomatenchutney, ein Kernhaus und einen Knusper-Cannelloni platzieren. Den gebundenen Tomatenfond dazwischen fließen lassen und nach Belieben mit Tomatenstückchen, Passepierre, kleinen Aalstückchen, Pinienkernen, Basilikumblättchen und -blüten ergänzen.

Chutney von grünen Tomaten
500 g   grüne Tomaten
300 g   weiße Zwiebeln
5 cl   Olivenöl
5 cl   Tomatenessig
100 ml   Noilly Prat
100 ml   Weißwein
100 g   Zucker
10 g   Pektin
1 Msp.   Agar Agar
Senfkörner
1 TL   Anis-Gewürzmischung (siehe unten)
1 TL   gehackte Thymianblätter
Salz und Pfeffer aus der Mühle

Die grünen Tomaten entkernen und in Würfel schneiden, die Zwiebeln ebenfalls in Würfel schneiden. Die Zwiebelwürfel in Olivenöl anschwitzen und Tomatenessig, Noilly Prat und Weißwein zufügen. Zucker mit Pektin und Agar Agar verrühren und zu den Zwiebeln geben. Einige Minuten kochen lassen, bis die Zwiebeln noch leichten Biss haben und dann die Tomatenwürfel und die Senfkörner dazu geben. Noch einige Minuten kochen und mit der Gewürzmischung, Thymian, Salz und Pfeffer abschmecken. Das Chutney in Weckgläser abfüllen und an einem kühlen Ort aufbewahren. Zum Servieren auf etwa 60 °C erwärmen.

Anis-Gewürzmischung
2 EL   grüner Anis
1 TL   weiße Pfefferkörner
1 TL   Korianderkörner
1 TL   Szechuanpfeffer
2   Peperoncini

Die Gewürze zu einem Pulver mahlen und in einem luftdicht verschlossenen Glas aufbewahren.

Zutaten
für 4 Personen

4	Schwarzwurzeln
	Milch
	Zitronensaft
1	Schalotte
100 g	Sahne
12	Schneidebohnen
30 g	frischer Périgordtrüffel
4 EL	Krustentieröl
	Zucker, Salz, Pfeffer

Trüffel-Vinaigrette:
100 ml	Banyuls
100 ml	kräftige Kalbsjus
5 cl	Madeira
	gehackter Trüffel
5 cl	Trüffelsaft
2 cl	Walnussöl
1 cl	Banyulsessig
	Salz, Pfeffer

4	Marronkrebse
1 EL	Butter

Zubereitung

Die Schwarzwurzeln sauber bürsten, einige dünne Scheiben schneiden und bei 160 °C knusprig frittieren. Die restlichen Schwarzwurzeln schälen und in gleichmäßige Würfel schneiden, diese sofort in einer Mischung aus Salzwasser und Milch mit etwas Zitronensaft gar kochen. Die Schwarzwurzelabschnitte mit der grob geschnittenen Schalotte in Butter glasig dünsten, mit Sahne aufkochen und die Schwarzwurzeln darin gar ziehen lassen. Alles kurz mixen, durch ein feines Sieb passieren, die Schwarzwurzelwürfel zufügen und zu einer cremigen Konsistenz einkochen. Dann mit Salz, Pfeffer und einer Prise Zucker abschmecken.

Die Schneidebohnen in kochendem Salzwasser mit leichtem Biss gar kochen und in Eiswasser abschrecken, damit sie schön grün bleiben. Die Bohnen trocknen, auf die gleiche Länge schneiden und längs in sehr feine Streifen schneiden. Den Trüffel in feine Streifen schneiden und etwa 10 g davon für die Vinaigrette fein hacken.

Für die Trüffel-Vinaigrette Banyuls mit Kalbsjus und Madeira auf die Hälfte einkochen. Den gehackten Trüffel zufügen und nochmals aufkochen. Trüffelsaft, Walnussöl und Banyulsessig unterrühren und mit Salz und Pfeffer abschmecken. Die Marronkrebse in kochendes Salzwasser geben und darin für zwei Minuten ziehen lassen, die Scheren weitere zwei Minuten garen, dann das Fleisch ausbrechen.

Zum Anrichten die Streifen der Schneidebohnen auf rechteckige Teller legen, sodass sie eng aneinander liegen. Die Bohnen auf den Tellern im Ofen kurz erwärmen, dann darauf die Schwarzwurzeln als Rechteck anrichten. Die Krebsschwänze und Scheren in etwas schäumender Butter anschwenken und auf die Schwarzwurzeln platzieren. Die Krebse und Bohnen mit Trüffel-Vinaigrette und Krustentieröl beträufeln. Mit den Schwarzwurzelchips und den Trüffelstreifen servieren.

NILS HENKEL
SUPRÊME VON MARRONKREBSEN, SCHWARZWURZELN, BOHNEN UND PÉRIGORDTRÜFFEL

Zutaten
für 4 Personen

12	Yabby-Krebse
1	gekochte Bambussprosse
8	Pancetta-Speckscheiben
2 EL	Zitronengras-Vinaigrette
1 EL	Pinienkernöl

1 Packung Shisokresse
1 Packung Affillakresse
Blüten (z.B. Ananassalbei)

Avocadosalat:
1 reife Avocado
1 EL frisch geschnittener Koriander
1 EL Olivenöl
1 TL Limonen-Olivenöl
1 Msp. Dijonsenf
1 Msp. Harissapaste
1 Prise Zucker
Zitronensaft
Salz und Pfeffer aus der Mühle

Papaya-Relish:
1 Schalotte
2 Zitronengras-Stangen
3 Korianderstängel
1 Peperoncini
100 ml Geflügelfond
5 cl Mirin
2 cl Apfelessig
2 g Pektin
1 EL Senfkörner
1 reife, aber feste Papaya
5 cl Pinienkernöl
1 EL gehackter Koriander
Salz und Pfeffer aus der Mühle

SALAT VON YABBYS MIT AVOCADO, BAMBUSSPROSSEN, SPECK UND PAPAYA-RELISH

Zubereitung

Die Yabby-Krebse in sprudelnd kochendes Salzwasser geben, die Hitze reduzieren und etwa 3 Minuten ziehen lassen. Die Krebsschwänze und -scheren ausbrechen, die Därme entfernen und mit Zitronengras-Vinaigrette und Pinienkernöl marinieren. Die gekochte Bambussprosse in feine Ecken schneiden und ebenfalls marinieren. Die dünnen Pancetta-Speckscheiben im Ofen bei etwa 80 °C knusprig trocknen. Die Avocado schälen und eine Hälfte davon grob würfeln. Dann mit Koriander und den restlichen Zutaten in einem Mixer pürieren. Die zweite Avocadohälfte in gleichmäßige Würfel schneiden, unter das Püree heben und würzig abschmecken.

Für das Papaya-Relish die Schalotte würfeln. Das Zitronengras fein schneiden und in etwas Pinienkernöl anschwitzen. Korianderstängel und Peperoncini zufügen und mit Geflügelfond, Mirin, Apfelessig und Pektin einmal aufkochen. Etwa 10 Minuten ziehen lassen und durch ein feines Sieb passieren. Zwei Esslöffel der Marinade für die Krebse und den Bambus reservieren, den Rest mit den Senfkörnern aufkochen und langsam abkühlen lassen. Die Papaya schälen, entkernen und das Fleisch in feine Würfel schneiden. Die Papaya unter die Senfkorn-Marinade heben, das Pinienkernöl zufügen und mit Salz und Pfeffer abschmecken. Das Relish kühl stellen und kurz vorm Servieren den fein gehackten Koriander untermischen.

Zum Anrichten den Avocadosalat mit einem rechteckigen Rahmen auf den Teller auftragen. Das Papaya-Relish in jeweils gleichem Abstand dazu anrichten. Die marinierten Krebse auf den Avocadosalat platzieren, dazwischen die krossen Speckstücke, die Bambussprossen und die Kresse anrichten. Mit den Blüten dekorieren.

Zutaten
für 4 Personen

600 g	Kartoffeln, vorwiegend festkochend
1	Zwiebel
400 ml	Gemüsebrühe
250 ml	Noilly Prat
1–2 TL	Senf
	Salz, Pfeffer
6 cl	milder Apfelessig
8 cl	Traubenkernöl
1	Prise Zucker
1	Salatgurke
1 Bund	Petersilie
250 g	Räucherlachs, in dünnen Scheiben
2	Tomaten
	Kresseblättchen
	Salz und Pfeffer aus der Mühle

Zubereitung

Die Kartoffeln waschen und mit Schale etwa 20 Minuten kochen. Die Zwiebel schälen und fein würfeln. Die Gemüsebrühe und Noilly Prat auf die Hälfte einkochen lassen. Zwiebelwürfel zugeben, etwa 2 Minuten mitkochen. Senf, Salz, Pfeffer, Essig, Öl und Zucker zugeben und herzhaft abschmecken.

Die Kartoffeln abgießen und pellen. Etwas abkühlen lassen und in Scheiben schneiden. Die Marinade darüber gießen und etwa eine Stunde durchziehen lassen. Von der Gurke einige dünne Scheiben für die Garnitur schneiden. Die restliche Gurke schälen, längs halbieren und entkernen. Die Hälften in dünne Scheiben schneiden. Petersilie waschen, trocknen und hacken. Gurke und Petersilie unter den Kartoffelsalat mischen und abschmecken.

Den Kartoffelsalat in Ringe auf Tellern anrichten und die Gurkenscheiben außen herum legen. Den Räucherlachs zu Röschen formen und auf dem Kartoffelsalat platzieren. Mit Tomatenspalten und Kresseblättchen dekorieren.

LACHS
GURKENSALAT

Zutaten

für 4 Personen

600 g	Lachsfilet
	Salz, Pfeffer
2	Schalotten
2 EL	Olivenöl
100 ml	Orangensaft
100 ml	Noilly Prat
100 ml	Fischfond
100 ml	Schlagsahne
	Salz, Pfeffer, Zucker, Cayennepfeffer
	Speisestärke
300 g	Spinatsalat
30 g	Butter
8	Orangenscheiben
8	Orangenfilets
2 EL	feingeschnittenes Basilikum

Zubereitung

Das Lachsfilet waschen, trocken tupfen und in 4 Portionen teilen. Salzen und pfeffern.

Die Schalotten schälen, fein würfeln. Im heißen Olivenöl etwa 2 Minuten andünsten und mit Orangensaft ablöschen. Um die Hälfte reduzieren, Noilly Prat und Fischfond zugießen und wieder um die Hälfte einkochen lassen. Nun die Sahne zufügen, aufkochen und mit Salz, Pfeffer, Zucker und Cayennepfeffer abschmecken. Eventuell mit angerührter Stärke leicht binden und mit einem Saucenstab aufmixen.

Den Lachs von beiden Seiten kurz in Olivenöl anbraten, von oben und unten mit je einer Orangenscheibe belegen und im Ofen bei 120 °C etwa 10 Minuten garziehen lassen, sodass der Lachs im Kern schön saftig bleibt. Den Spinatsalat waschen und trocken schleudern und in der Butter kurz anschwenken, etwa ein Viertel der Sauce zufügen und kurz aufkochen.

Zum Anrichten den Spinat abschmecken und mit je zwei Orangenfilets auf warme Teller platzieren. Je ein Stück Lachs darauf platzieren und die restliche Sauce aufschäumen und angießen. Mit geschnittenem Basilikum bestreuen.

ORANGENLACHS
AUF JUNGEM
SPINAT

RISOTTO
MIT FLUSS-
KREBSEN

Zutaten
für 4 Personen

2	Möhren
2	Staudensellerie-Stangen
1	Zwiebel
3 EL	Butter
300 g	Risottoreis
20 cl	Noilly Prat
80 cl	Gemüsefond
200 g	Flusskrebsfleisch
50 g	Parmesankäse

Salz, Pfeffer

Zubereitung
Möhren und Staudensellerie putzen, waschen und würfeln. Zwiebel abziehen, fein würfeln und in heißer Butter andünsten. Gemüse zugeben, kurz dünsten. Reis zufügen und glasig dünsten. Noilly Prat zugießen und unter Rühren verdampfen lassen. Nach und nach den heißen Fond angießen, bis der Reis die Flüssigkeit aufgesogen hat. Risotto insgesamt 20 Minuten ausquellen lassen. Zirka 5 Minuten vor Ende der Garzeit das Flusskrebsfleisch zugeben und erhitzen. Den frisch geriebenen Parmesan unterrühren und abschmecken.

Zum Anrichten den Risotto in tiefe Teller verteilen, einen Teil der Krebse dekorativ obenauf legen.

DIETER MÜLLER

Dieter Müller hat in seiner einzigartigen Karriere alles erreicht, was man als Koch erreichen kann. Er ist der Weltstar unter den deutschen Spitzenköchen. Das Kochen ist ihm quasi in die Wiege gelegt worden. Seine Eltern betrieben im Badischen ein Restaurant mit Pension, aus der eine der berühmtesten Gastronomenfamilie unserer Zeit hervorging. Von den sieben Geschwistern landeten fast alle in der Gastronomie und wurden sehr gute Köche. Für Dieter Müllers Vater stand schon früh fest: „Du wirst Koch. Gegessen wird in guten und in schlechten Zeiten." Das Kochen ist für den sympathischen Kochstar eine Berufung. 1971 schließt Dieter Müller seine Ausbildung im Hotel Bauer ab und gibt schon damals einen ersten Ausblick auf die Dinge, die noch folgen sollen: Er ist der beste von 200 Prüflingen. Zwei Jahre später beginnt er mit seinem Bruder Jörg als Küchenchef-Team in den Schweizer Stuben in Wertheim-Bettingen. 1974 bekommen die beiden den ersten Michelin-Stern und schon drei Jahre später den zweiten. Die erste Restauranthitliste nennt die beiden Müllers 1979 die „Wunderknaben von Wertheim-Bettingen". Ab 1981 ist Dieter Müller für neun Jahre alleiniger Küchenchef der Schweizer Stuben. 1992 folgt, mit Eröffnung des Gourmet-Restaurants Dieter Müller im Schlosshotel Lerbach, der nächste große Sprung. 1997 erhält Dieter Müller hier den dritten Michelin-Stern. Seit dieser Zeit ist er eine sichere Drei-Sterne-Adresse und gehört zu den besten Köchen weltweit. Sein Amuse-Bouche-Menü schrieb Koch-Geschichte. Er war mehrfach „Koch des Jahres" und sein Restaurant erhält in allen Gourmetführern seit Jahren Spitzennoten. Mittlerweile hat Dieter Müller, wie er es lange vorbereitet hat, die Restaurantleitung an seinen würdigen Nachfolger Nils Henkel übergeben. Der Wechsel wird allerdings kaum zu spüren sein, weil beide Chefs schon seit Jahren als harmonisches Team zusammen arbeiten. Müller selbst bleibt dem Restaurant, wie in Frankreich üblich, als Patron erhalten und leitet weiterhin seine Kochschule.

www.schlosshotel-lerbach.com

GEBACKENE FROSCHSCHENKEL IN BÄRLAUCHPANADE MIT JUNGEM KNOBLAUCH UND CHORIZODIP

Zutaten
für 4 Personen

16	Froschschenkel
3	Toastbrotscheiben ohne Rinde, leicht angetrocknet
1	Petersilienzweig
4	Bärlauchblätter

Salz und Pfeffer aus der Mühle
1 EL	Mehl
1	Vollei

Chorizodip:
50 g	Chorizo
1	rote Paprikaschote
1	kleine Kartoffel
1	Schalotte
1	Knoblauchzehe

etwas Olivenöl
2 cl	Noilly Prat
300 ml	heller Geflügelfond
1 Msp.	Piment d´Espelette
2	Thymianzweige
2	Rosmarinzweige
1 EL	angerührte Speisestärke
5 cl	kalt gepresstes Olivenöl

4	sehr dünne Chorizoscheiben
1	sehr junge Knoblauchknolle

Olivenöl
4	Bärlauchblätter und -blüten
4 EL	Kartoffelpüree, vermischt mit einer Knoblauchzehe
4	Rosmarinzweigchen mit Blüte

Zubereitung

Die Froschschenkel zuschneiden (Oberschenkelknöchelchen herausschneiden). Toastbrot mit trockener Petersilie und Bärlauch fein mixen. Die Schenkel mit Salz und Pfeffer würzen, leicht mehlen, durch aufgeschlagenes Ei ziehen und in der Panade wenden.

Für den Chorizodip die Wurst würfeln, die Paprika vierteln, entkernen und in Streifen schneiden. Kartoffel, Schalotte und Knoblauch schälen, klein schneiden und mit den Chorizowürfeln und Paprikastreifen in wenig Olivenöl etwa 2 Minuten anschwenken. Noilly Prat zufügen und auf die Hälfte reduzieren, dann mit Geflügelfond auffüllen, Piment d´Espelette zufügen und etwa 30 Minuten köcheln. Alles im Mixer sehr fein pürieren und durch ein feines Sieb passieren. Anschließend etwas einkochen, die Kräuter zufügen und einige Minuten ziehen lassen, mit Speisestärke sämig binden und würzig abschmecken. Den Dip nochmals durch ein Sieb streichen und mit einem Saucenstab das Olivenöl einmixen. Der Dip hält sich einige Tage im Kühlschrank.

Die Wurstscheiben auf Backpapier legen und damit ebenfalls abdecken, beschweren und am besten in der Mikrowelle etwa 1 Minute bei voller Leistung trocknen. Vom Knoblauch einzelne Zehen lösen und in heißem Olivenöl schwimmend bissfest garen. Bärlauchblätter 2 Sekunden in kochendes Salzwasser geben und sofort in Eiswasser abkühlen.

Zum Anrichten erwärmtes Knoblauch-Kartoffelpüree auf Tellern platzieren, warme Knoblauchzehen, Chorizoscheiben und Bärlauchblätter und -blüte auflegen. Die Froschschenkel bei 170 °C etwa 2 Minuten frittieren und anrichten. Mit dem Chorizodip servieren.

Michael Sobota mit Heiner Renn vom Burgunder Hof, einer der besten Winzer und Brenner vom Bodensee.

MICHAEL SOBOTA

Er ist gelernter Koch und Konditor und gerade einmal 33 Jahre alt. Das süße Handwerk ist die erste berufliche Station, die Michael Sobota nach seiner Schulausbildung Anfang der 1990er Jahre ansteuert. Danach folgt die Kochlehre bei seinem Vater in den Salzburger Stub'n in Rielasingen-Worblingen. 1996 verlässt Sobota den elterlichen Betrieb, um erste Kontakte mit der Sternegastronomie zu knüpfen. Er geht für ein Jahr als Patissier in das Schweizer Hotel-Restaurant Fischerzunft nach Schaffhausen. Neben den süßen Leckereien des Hauses lernt er auch die euro-asiatische Fusion-Cuisine kennen. Danach folgt ein Jahr klassischer, gehobener Kochkunst in der renommierten Stuttgarter Speisemeisterei. Dann kehrt er dem süddeutschen Raum erst einmal den Rücken. Michael Sobota erlebt spannende Monate in der sternegekrönten Küche des Beach-Hotels Las Dunas in Marbella. Die Verwendung frischer, sonnengereifter Produkte macht diesen Auslandsaufenthalt zu einer Offenbarung. Erstaunt stellt der junge Koch fest, dass unter der spanischen Sonne selbst die Zitronen süßer schmecken, als zu Hause. Zum Jahrtausendwechsel zieht es ihn dann doch wieder zurück ins verregnete Deutschland. Immerhin lockt nicht irgendein Engagement, sondern die 3-Sterne-Küche von Heinz Winkler, in der er als Chefpatissier anheuert. Der Altmeister ist für Sobota auch heute noch einer der Köche mit dem besten Geschmackssinn. Hier lernt er die ausgewogene Kombination von Geschmackskomponenten, die zur perfekten Harmonie auf dem Teller führt. Aber dieses Abenteuer scheint ihm offenbar noch nicht genug. Zusammen mit fünf Kollegen eröffnet er das erste Rossini-Restaurant auf der Arosa Blu und fährt mit dem Kreuzfahrtschiff um die Welt. 2002 zieht es ihn wieder an den elterlichen Herd. Gemeinsam mit seinem Vater führt er seither die Küche in den Salzburger Stub'n zu neuen Höhenflügen. 2004 kam der Michelinstern. Der Gault Millau bescheinigt den Sobotas aktuell sechzehn Punkte. Auf die Frage hin, was denn seine Küchenphilosophie sei, winkt er ab. In Schubladen möchte sich Michael Sobota nämlich nicht gerne stecken lassen. Für ihn sind die Frische der Produkte und der ständige Drang zur Innovation oberstes Gebot. Er will weder kopieren, noch Gekünsteltes erzwingen, sondern sicherstellen, dass seine Gäste zufrieden sind. Sie sollen mit dem Eindruck nach Hause gehen, einen erinnerungswürdigen Abend erlebt zu haben.

www.salzburgerstube.de

Zutaten
für 4 Personen

100 ml Olivenöl
80 ml Weißwein
1 Msp. Safran
1/2 TL Ahornsirup
Salz
je 1 Felchen und Forelle, filetiert und die Filets halbiert
50 g Nussbutter
Saft von 1 Limone

Petersilienjus:
200 g Blattpetersilie
150 g Fischfond
150 g Consommé
Kartoffelstärke
10 gemahlene Paradieskörner
Salz

Pfifferlingskuchen:
100 g Pfifferlinge
180 g Crème fraîche
2 Eigelb
1 Ei
1 TL Weizenstärke

Garnitur:
Rosabisprossen

Zubereitung
Olivenöl, Weißwein und Safran in einer Pfanne kurz aufkochen lassen und mit Ahornsirup und Salz abschmecken. Die Fischfilets in Nussbutter mit Limonensaft gar ziehen lassen.

Für die Petersilienjus Blattpetersilie blanchieren und in der Moulinette aufmixen. Fischfond und Consommé mit Kartoffelstärke abbinden und vor dem Servieren Petersilienpüree unterrühren. Mit Salz und gemahlenen Paradieskörnern abschmecken.

Für den Pfifferlingskuchen die Pilze würfeln und anbraten. Mit den restlichen Zutaten vermengen und in Timbalformen bei 200 °C im Wasserbad im Backofen ausbacken.

Zum Anrichten die Pfifferlingskuchen aus den Formen lösen und je einen auf den Teller geben. Je ein Felchen- und Forellenfilet aufsetzen und die Petersilienjus angießen.
Den Bratenfond mit dem Stabmixer aufschäumen und auf die Fischfilets setzen. Mit Rosabisprouts garnieren.

DUETT VON FELCHEN UND FORELLE
MIT PETERSILIENJUS, PFIFFERLINGSKUCHEN UND SAFRAN

MICHAEL SOROTA
MARINIERTE SAIBLING-CANNELLONI MIT WEISSEM SPARGEL AUF GEWÜRZ-ORANGEN-SPAGHETTI

Zutaten
für 4 Personen

Gewürz-Orangen-Spaghetti:
450 ml Orangensaft
10 Fenchelkörner
3 g Agar Agar
1 1/2 Blatt Gelatine

Saibling-Cannelloni:
4 Filets vom Saibling à 120 g
gemahlener Schwarzkümmel
Senfkörner
Fenchelsamen
Boxhornkleesamen
100 g weißer Spargel
Rauchöl

Garnitur:
Saiblingkaviar
Sauerrahm
Kresse

Zubereitung

Für die Gewürz-Orangen-Spaghetti 250 ml Orangensaft auf 50 ml reduzieren, mit weiteren 200 ml aufgießen und erkalten lassen. Die Fenchelkörner hineingeben. Den Orangensaft mit Agar Agar einmal kurz aufkochen lassen und die eingeweichte Gelatine unterrühren. Die Flüssigkeit mit einer Spritze in 1 Meter lange (0,5 cm ø) lebensmittelgeeignete Plastikschläuche füllen und erkalten lassen. Danach die Spaghetti mit einer leeren Spritze aus dem Plastikschlauch pressen. Die Saiblingfilets in dünne Scheiben schneiden. Mit gemahlenem Schwarzkümmel, Senfkörnern, Fenchelsamen und Boxhornkleesamen würzen.

Den Spargel mit Rauchöl bepinseln und in den marinierten Saibling einschlagen.

Zum Anrichten die Spaghetti zu einer Schnecke rollen und die Saibling-Cannelloni darauf legen. Mit Sauerrahm, Kresse und Saiblingkaviar garnieren.

Zutaten
für 4 Personen

2 Stück	Aalrute
80 g	Butter
10	Curryblätter
Salz, Pfeffer	

Pfefferkirschen:
20	halbierte, entsteinte Kirschen
200 ml	Kirschsaft
50 ml	Portwein
Pfeffer, Zucker	

Maisplätzchen:
400 ml	Milch
20 g	Butter
90 g	Simolina (Grießmehl)
40 g	geriebener Parmesan
2	Eigelb
Muskat, Salz	

Madeirasauce:
300 ml	Madeira
400 ml	Nage (weiße Grundsauce)
Salz, Pfeffer	

Zubereitung

Die Aalrute filetieren, mit Salz und Pfeffer würzen und in Butter mit den Curryblättern gar ziehen lassen.

Die Kirschen mit der Innenseite in Pfeffer und Zucker tauchen. In der heißen Pfanne karamellisieren lassen. Mit Kirschsaft und Portwein ablöschen und fast gänzlich reduzieren.

Für die Maisplätzchen Milch, Butter, Salz und Muskat aufkochen und den Grieß einrieseln lassen. Unter Rühren einmal aufkochen und 15 Minuten quellen lassen. Parmesan und Eigelb unterheben. Auf einem Backblech 1–2 cm dick glatt streichen. Zu Halbmonden ausstechen und diese auf beiden Seiten in einer Pfanne goldgelb anbraten.

Madeira auf 50 ml reduzieren lassen, mit der Nage auffüllen und mit Salz und Pfeffer abschmecken. Vor dem Anrichten mit einem Stabmixer aufschäumen.

Zum Anrichten die Aalfilets auf Teller verteilen, mit Maisplätzchen und Pfefferkirschen garnieren und die Madeirasauce angießen. Mit einem Streifen des Kirschfonds dekorieren.

MICHAEL SOBOTA
AALRUTE MIT PFEFFERKIRSCHEN
AN MADEIRASAUCE
MAISPLÄTZCHEN

SASCHA STEMBERG

Sascha Stemberg, geboren 1979 in Velbert, hat 2003 den Posten als Küchenchef im familieneigenen Betrieb von seinem Vater Walter Stemberg übernommen. Walter Stemberg führte das Haus mit seiner 140-jährigen Tradition seit 1975 und hat es durch Medienauftritte, Bücher und zahlreiche Artikel in Zeitschriften über die Grenzen des Landes hinaus bekannt gemacht. Angefangen hat alles 1864 als Fuhrmannsgasthof. Um 1900 entwickelt sich das Stemberg zur gepflegten Gastwirtschaft mit Gartenlokal. Dazu kommen dann noch eine Bäckerei und die erste Bohlenkegelbahn im bergischen Land. Eine zwischenzeitlich eröffnete Tankstelle wird 1941 wieder geschlossen. Das Unternehmertum scheint in der Familie Stemberg irgendwie genetisch verankert zu sein. Sascha führt das Haus Stemberg nun in der fünften Generation. Seine Lehr- und Wanderjahre verbrachte Sascha unter anderem bei Günther Scherrer im Victorian, der ihm hartes Arbeiten und Disziplin beibrachte, bei Peter Nöthel im Hummerstübchen, der ihm den Feinschliff verpasste, und er leistete ein Gastspiel im „Pomp Duck and Circumstance" bei Hans-Peter Wodarz. Leider ist es sehr schwer, bei Stembergs einen Tisch zu bekommen, denn normalerweise sind alle Plätze auf Wochen hinaus ausgebucht und das selbst in Zeiten, in denen viele andere Gastronomen jammern. Jeden Tag stemmen hier zwei Köche und fünf Auszubildende die Bewirtung von 120 Gästen und die Teller sehen dabei genauso aus wie auf unseren Fotos. Respekt, die Herren!

www.haus-stemberg.de

GEGRILLTES LACHSFORELLENFILET AUF RIESLINGKRAUT IN RAHM MIT GEBACKENEN BLUTWURSTTÄSCHCHEN

Zutaten
für 4 Personen

4	Lachsforellenfilets à 140 g mit Haut

Fleur de Sel
schwarzer Pfeffer aus der Mühle
Mehl
Olivenöl

1 TL	kalte Butter
2	kleine Thymianzweige

Kraut:

1 EL	Butterschmalz
1	Zwiebel, in feine Streifen geschnitten
300 g	gewaschenes Sauerkraut
200 ml	Kalbsbrühe
50 ml	Apfelsaft
150 ml	trockener Riesling
1	mittelgroße Kartoffel, roh gerieben
1	Kräutersäckchen mit 4 Wacholderbeeren, 2 Nelken, 2 Lorbeerblättern
200 g	Crème fraîche

Salz und weißer Pfeffer aus der Mühle

Blutwursttäschchen:

10 g	Butter
1 TL	fein gewürfelte Schalotten
3 EL	fein gewürfelte Blutwurst
1 EL	fein gewürfelter Apfel
1 Msp.	fein gehackter Thymian
4	Wan Tan-Blätter, 8 x 8 cm
1	verquirltes Eigelb

Butterschmalz

Zubereitung

Die Lachsforellen beidseitig würzen und die Hautseite leicht mehlen. In einer Pfanne mit etwas Olivenöl die Fischfilets zuerst auf der Hautseite braten, dann wenden, Butter und Thymian zugeben und fertig braten.

Für das Kraut Butterschmalz in den Topf geben, Zwiebeln dazugeben und farblos anschwitzen.
Kraut zugeben und mit Brühe, Apfelsaft und Weißwein ablöschen.
Kräutersäckchen und geriebene Kartoffel in den Topf geben, mit Salz und Pfeffer leicht vorwürzen und mit Deckel etwa 30 Minuten garen lassen. Kräutersäckchen entfernen, Crème fraîche zugeben und nachschmecken.

Für die Blutwursttäschchen Butter im Topf schmelzen, darin Schalotten anschwitzen. Blutwurst, Apfel und Thymian zugeben und kurz mit anschwitzen. Leicht würzen und auskühlen lassen. Die kalte Masse mittig auf die Wan Tan-Blätter geben, die Ränder mit Eigelb einpinseln und die jeweils gegenüberliegenden Seiten zu Täschchen zusammenkleben. Die Blutwursttäschchen in heißem Butterschmalz goldgelb ausbacken.

Zum Anrichten das Rieslingkraut mittig auf vorgewärmte Teller verteilen, darauf das Lachsforellenfilet mit der Hautseite nach oben setzen und mit Blutwursttäschchen garnieren.

SASCHA STEMBERG
FILET VOM ZANDER
AUF BÄRLAUCHGRAUPEN
MIT FLUSSKREBSSCHAUM

Zutaten

für 4 Personen

4	Zanderfilettranchen à ca. 140 g

Fleur de Sel
schwarzer Pfeffer aus der Mühle
Mehl
Olivenöl

1 TL	kalte Butter
1	kleiner Rosmarinzweig

Bärlauchgraupen:

2	fein gewürfelte Schalotten
1 EL	fein gewürfelter Rauchspeck
30 g	Butter
100 g	Perlgraupen

Rieslingwein
Kalbsbrühe

2 EL	Bärlauchpaste
1 TL	fein geriebener Parmesan

Salz und weißer Pfeffer aus der Mühle

Flusskrebsschaum:

300 g	gewaschene Flusskrebskarkassen

Olivenöl

1 EL	Tomatenmark
1	Spritzer Cognac
200 ml	Sahne
150 ml	Fischfond
50 g	Butter

Saft und Abrieb einer unbehandelten Orange
Salz und weißer Pfeffer aus der Mühle
geriebene Muskatnuss
trockener Sekt

Zubereitung

Zanderfilets beidseitig würzen, Hautseite leicht mehlen und in der Pfanne mit etwas Olivenöl auf der Hautseite kross anbraten. Nun den Fisch wenden und die Pfanne in den vorgeheizten Backofen (160 °C, ca. 5 Minuten) geben. Kurz vor Ende der Garzeit Butter und Rosmarin zugeben und damit die Haut beträufeln.

Im Topf Schalotten und Speck in Butter farblos anschwitzen, dann Graupen zugeben, mit Weißwein ablöschen und mit Brühe auffüllen. Die Graupen bei kleiner Hitze bissfest garen, evtl. zwischendurch erneut mit Brühe angießen. Mit Bärlauchpaste, Parmesan und Gewürzen abschmecken.

Im Topf mit etwas Olivenöl die Karkassen scharf anbraten, Tomatenmark zugeben und anrösten lassen, mit Cognac flambieren. Sofort die Sahne, Fischfond, Butter und Orange zugeben und aufkochen lassen. Mit Salz, Pfeffer und Muskat abschmecken und ca. 15 Minuten ziehen lassen. Die Flüssigkeit nun durch ein feines Haarsieb in einen Topf passieren. Vor dem Anrichten zusammen mit dem Sekt mit dem Zauberstab zu Schaum aufmixen.

Die Bärlauchgraupen mittig auf Tellern anrichten, darauf kommt das Zanderfilet (Hautseite zeigt nach oben). Mit dem Löffel rundherum den Flusskrebsschaum angießen.

Zutaten
für 4 Personen

Tatar:
- 250 g frisches, schieres Bachsaiblingfilet, fein gewürfelt
- 1 TL Dillspitzen, fein geschnitten
- 1 EL Schnittlauchröllchen
- Saft einer Limette
- Traubenkernöl
- Weißburgunderessig
- Fleur de Sel
- Weißer Pfeffer aus der Mühle

Mousse:
- 300 ml Spargelfond
- 5 Blatt eingeweichte Gelatine
- 1 EL Crème fraîche
- 175 ml geschlagene Sahne
- Salz und weißer Pfeffer aus der Mühle

Rote-Bete-Crème:
- 2 EL Crème fraîche
- 50 ml Rote-Bete-Saft
- Spritzer Limettensaft
- Salz und Pfeffer aus der Mühle

Zubereitung

Aus den genannten Zutaten ein gut abgeschmecktes Tatar herstellen.

Für die Mousse Spargelfond aufkochen, Gelatine einrühren. Mit dem Schnellbesen auf Eiswasser kalt rühren, bis es anfängt zu gelieren. Nun Crème fraîche und Sahne unterziehen und abschmecken. In 4 Metallringe abfüllen und ca. 3 Stunden im Kühlschrank auskühlen lassen.

Für die Rote-Bete-Crème alle Zutaten gut verrühren, abschmecken und in eine kleine Spritzflasche füllen.

Zum Anrichten Spargelmousse im Ring mittig auf Teller setzen. Die Ringe mit Tatar bis zur Oberkante füllen. Dann die Ringe vorsichtig entfernen. Mit Rote-Bete-Crème garnieren und sofort servieren.

TATAR VOM BACHSAIBLING
AUF SPARGELMOUSSE UND ROTE-BETE-CRÈME

219

Port Culinaire – sicherer Hafen für Gourmets.

Stöbern Sie auf unserer Homepage!
Buchshop, Gourmetshop, Warenkunde, Bilder, Geschichten, Rezepte und vieles mehr!
www.port-culinaire.de

PORT CULINAIRE

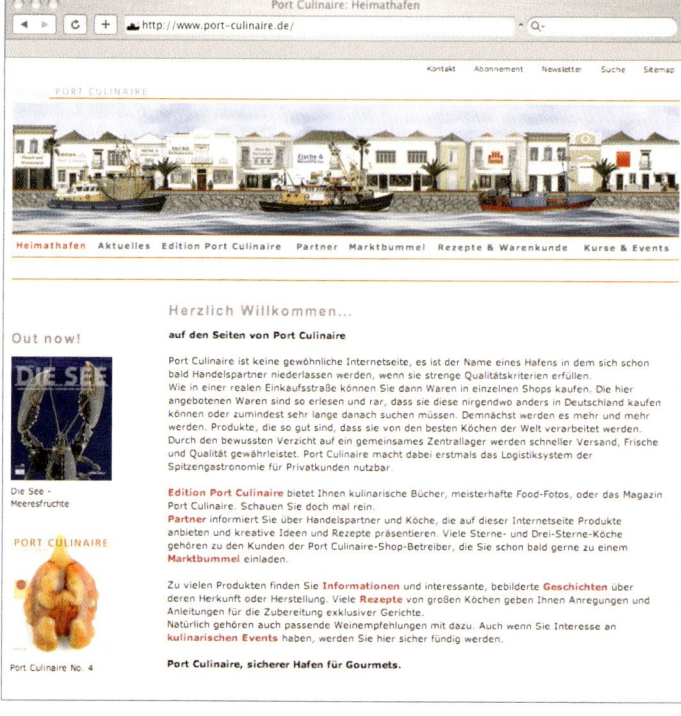

 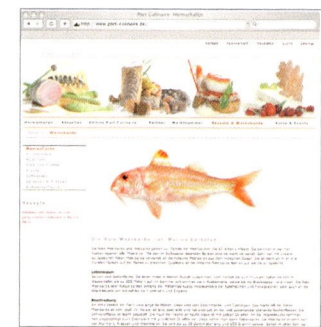

PORT CULINAIRE: Kulinarischer Sammelband – Reportagen, Rezepte, Warenkunde

Best of the world   Best Design, Chicago Athenaeum   Newcomer Magazin des Jahres   DESIGNPREIS 2009 NOMINIERT

Port Culinaire No. ZERO

Kulinarischer Sammelband & Pflichtlektüre für Gourmets

Herausgeber und Fotograf: Thomas Ruhl
Umfang: 156 Seiten, Format: 24 x 28 cm
deutsch / englisch
ISBN: 978-3-938173-26-8

Aus dem Inhalt: Mit Ralf Bos auf Trüffelsuche im Himalaya & Rezepte • Bisonranch & Bisonrezepte • Dieter Müllers Tipps & Tricks • Die Reise der Austern & Rezepte von Nils Henkel • Kulinarische

Expedition zum äußersten Ende Europas • Flor de Sal • Sagres Fischmarkt • Weißer Rotwein

Port Culinaire No. ONE

Herausgeber und Fotograf: Thomas Ruhl
Umfang: 156 Seiten, Format: 24 x 28 cm
ISBN: 978-3-938173-35-0

Aus dem Inhalt: Molekularküche • Mieral, Geflügel aus der Bresse mit Cornelia Poletto & Thomas Bühner • Ritter der Flüsse, Krebsrezepte von Nils Henkel • Pilze – Schirmherren des guten

Geschmacks • Meeresalgen • Art you can eat, "Chef Picasso" Olaf Niemeier • Ziegler, die Essenz der Früchte • Schwäbische Austern, Evert Kornmayer, Rezepte von Dieter Müller

Port Culinaire No. TWO

Herausgeber und Fotograf: Thomas Ruhl
Umfang: 156 Seiten, Format: 24 x 28 cm
ISBN: 978-3-938173-36-7

Aus dem Inhalt: Molekularküche – The next Generation von Ralf Bos & Heiko Antoniewicz • Im Reich der schwarzen Schweine, Juan Amador und Nils Henkel • Müritz-Lamm, Rezepte Marco Müller,

Christian Bau • Die Jagd auf den Skrei, Cornelia Poletto & Dieter Müller • Sprossen und Kressen • Deutschland brennt – Heiner Renn vom Bodensee • Evert Kornmayer – Elefantenkaffee

Port Culinaire No. THREE

Herausgeber und Fotograf: Thomas Ruhl
Umfang: 156 Seiten, Format: 24 x 28 cm
ISBN: 978-3-938173-42-8

Aus dem Inhalt: Molekularküche Vol. 3, Ralf Bos & Mario Lohninger • Irish Food Experience Part I and II: Irischer Wiskey, V-Notching, Return of the Dry age, Kevin Fehling, Volker Drkosch • Von

Stallhasen und Sterneköchen, Christopher & Alejandro Wilbrand • So isst Deutschland • Bernhard Antony & Käsereise durch Italien • Essbare Landschaften • Auf den Frosch gekommen

Port Culinaire No. FOUR

Herausgeber und Fotograf: Thomas Ruhl
Umfang: 156 Seiten, Format: 24 x 28 cm
ISBN: 978-3-938173-44-2

Aus dem Inhalt: Hubertusjagd im Hessenforst, Mike Hoffmann, Volker Drkosch • Gams- und Murmeltier im Engadin, Bernd Ackermann • New York Meat Expedition, Stephan Otto • Catch me if you can – Süßwasserfische, Michael Sobota, Nils Hen-

kel, Sascha Stemberg • Bio Tilapia und Roter Trommler in Israel, Uri Buri • So isst Deutschland, Jean Claude Bourgueil • Essbare Landschaften Part II • Molekulare Techniken – Patisserie, Ralf Bos • Zibärtle – die fast vergessene Obstbrandspezialität

Port Culinaire No. FIVE

Herausgeber und Fotograf: Thomas Ruhl
Umfang: 156 Seiten, Format: 24 x 28 cm
ISBN: 978-3-938173-45-9

Aus dem Inhalt: Go West – American Beef Story Part Two Stephan Otto, Stefan Marquard, Harald Wohlfahrt • Bison im Wilden Westen, Kolja Kleeberg, Patrick Coudert • Puro Cubano, Molekulare Cocktails • Lexikon der Zitrusfrüchte,

Denis Feix • Räuchern, Heiko Antoniewicz • Salz, Ralf Bos • Helmut Zerlett testet Geschmacksschulen • So isst Deutschland • Mumme – Energiedrink, Evert Kornmayer • Schergengruber Lamm

Port Culinaire No. SIX

Herausgeber und Fotograf: Thomas Ruhl
Umfang: 156 Seiten, Format: 24 x 28 cm
ISBN: 978-3-938173-53-4

Aus dem Inhalt: Meersalz, Ralf Bos • Grauvieh, Wolfgang Otto, Dieter Müller, Bernd Ackermann • Privilegio del Moncayo, Juan Amador • Galicien – von Pulpos, Boquerones und Nevajas, Tapas von Alejandro und Christopher Wilbrand, Kevin

Fehling • Aalglatte Geschichten, Nils Henkel • Lexikon europäischer Wurst- und Fleischspezialitäten, Mike Süsser • Helmut Zerlett testet die Kochschule im Hotel Traube Tonbach • Sommerfrüchtchen – Big and Bottled

Ebenfalls in der Edition Port Culinaire erschienen:

Die Philosophie der großen Küche

Autoren: Jean Claude Bourgueil & Thomas Ruhl
Umfang: 256 Seiten, Format: 24 x 28 cm

ISBN: 978-3-7716-4336-2

Auszeichnung: Bestes Chef-Kochbuch der Welt

Trüffel und andere Edelpilze

Autoren: Ralf Bos & Thomas Ruhl
Umfang: 312 Seiten, Format: 24 x 28 cm

ISBN: 978-3-7716-4335-5

 Auszeichnung: Goldmedaille der Gastronomischen Akademie Deutschlands

Typisch Deutsch – Neues aus der klassischen regionalen Küche

Autoren: Jean Claude Bourgueil & Thomas Ruhl
Umfang: 312 Seiten, Format: 24 x 28 cm

ISBN: 978-3-7716-4338-6

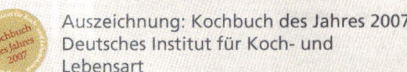 Auszeichnung: Kochbuch des Jahres 2007, Deutsches Institut für Koch- und Lebensart

Küchenposter Fotograf/Gestalter: Thomas Ruhl

„Süßwasserfische"
84 x 59,4 cm/DIN A1

„Meeresfrüchte"
84 x 59,4 cm/DIN A1

„Meeresfische"
84 x 59,4 cm/DIN A1

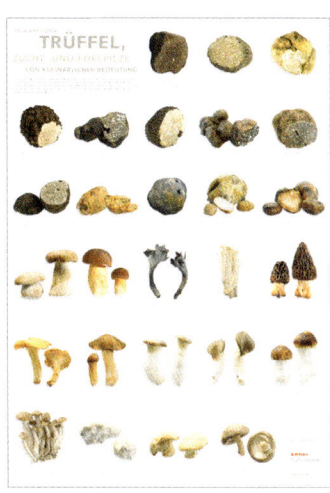

„Die wichtigsten Trüffel,
Zucht- und Edelpilze von
kulinarischer Bedeutung"
84 x 59,4 cm/DIN A1

„Küchenkräuter"
84 x 59,4 cm/DIN A1
und 59,4 x 42 cm/DIN A2

Television
Port Culinaire
www.port-culinaire.tv

Kochshows, Warenkunde,
Reiseberichte und Starköche
auf spannenden Filmbeiträgen.

Autor: Thomas Ruhl

Herausgeber:
Edition Port Culinaire

Produktion:
Ruhl Studios, Köln

Fotografie, Typografie:
Thomas Ruhl

Texte:
Thomas Ruhl, Sybille Kärcher,
Martina Raguse, Evert Kornmayer

Art Direction:
Petra Gril

Layout:
Derek Gotzen

Produktionsleitung:
Carola Gerfer-Ruhl

Lektorat:
Bianca Killmann, www.brustkeule.de

© 2008 Fackelträger Verlag GmbH, Köln
Alle Rechte vorbehalten

ISBN 978-3-7716-4391-1

Edition
Fackelträger

Anschriften
Edition Port Culinaire
c/o Ruhl Studios
Werderstraße 21
50672 Köln
Tel. 0221 / 56 95 94-0
E-Mail: info@ruhl-studios.de
www.port-culinaire.de

Fackelträger Verlag GmbH
Emil-Hoffmann-Straße 1
50996 Köln
Tel. 02236 / 39 99-0
www.fackeltraeger-verlag.de

INDEX

A
Aal	100
Äsche	68
Atlantischer Lachs	60

B
Bachforelle	58
Bachsaibling	62
Barbe	40
Barsch	76–83
Blaufelchen	66
Brachse	46
Brasse	46

D
Dorsch	111

E
Edelkrebs	116–119
Europäischer Aal	100
Europäischer Stör	112

F
Felchen	66
Flussbarbe	40
Flussbarsch	76
Flusskrebs	116–119
Forelle	54–59
Frosch	132

G
Galizierkrebs	124
Garnele	130
Gemeiner Hecht	52
Gemeiner Zander	78
Giebel	38
Goldforelle	57
Graskarpfen	41

H
Hecht	52

K
Karausche	39
Karpfen	34, 36, 41
Kaviar	114
Krabbe	131
Krebs	116–129

L
Lachs	60
Lachsforelle	56

M
Maräne	67
Marron	128, 2
Meerforelle	59

N
Nilbarsch	80
Niltilapia	83

P
Pangasius	50

Q
Quappe	110

R
Regenbogenforelle	54
Rosenberggarnele	130
Rotauge	42
Rotfeder	43

S
Saibling	62
Schleie	44
Seeforelle	59
Seesaibling	63
Sibirischer Stör	113
Signalkrebs	122
Spiegelkarpfen	34
Streifenbarsch	81
Stör	112
Süßwassergarnele	130

T
Tilapia (azul)	82
Trüsche	110
Tschechischer Spiegelkarpfen	34

V
Viktoriabarsch	80

W
Waller	48
Wandersaibling	63
Wels	48
Wildkarpfen	36
Wollhandkrabbe	131

Y
Yabby	126

Z
Zander	78